TS… ECH IEN

INSIDER-TIPP
Deine Abkürzung ins Erleben!

Reisen mit MARCO POLO Insider-Tipps

MARCO POLO TOP-HIGHLIGHTS

KARLOVY VARY (KARLSBAD) ★1

Die unvergleichliche Pracht im weltberühmten Kurort zog Monarchen, Künstler und Millionäre an.

➤ S. 44, Nordböhmen

ČESKÝ RÁJ (BÖHMISCHES PARADIES) ★2

Die riesigen Felsnadeln aus Sandstein begeistern nicht nur Kletterer.

➤ S. 60, Nordböhmen

KRKONOŠE (RIESENGEBIRGE) ★3

Ski fahren im Winter, wandern im Sommer – ein Mittelgebirge für alle Fälle.

➤ S. 60, Nordböhmen

HRADČÍN (HRADSCHIN) ★4

Der Prager Burgberg: imposant, idyllisch und zauberhaft schön.

📷 *Tipp: Mach den Gegenschnitt: Der Balkon des Lobkowicz-Palais auf der Burg hoch überm Tal ist die perfekte Fotolocation für einen Blick auf Moldau und Altstadt (Zugang über das Museum).*

➤ S. 72, Mittelböhmen

CHRÁM SV. BARBORY (ST.-BARBARA-KATHEDRALE) ★5

Die Kathedrale von Kutná Hora sollte mit ihrer Pracht Prag Paroli bieten.

📷 *Tipp: Bring dich frühmorgens an der Jakobskirche (600 m entfernt) in Position: Mit der Sonne in deinem Rücken ist die Kathedrale perfekt ausgeleuchtet.*

➤ S. 78, Mittelböhmen

ČESKÝ KRUMLOV (KRUMAU) 6

Der Spaziergang an der Moldau gleicht einer Zeitreise (Foto).
Tipp: Der schönste Selfie-Ort weit und breit ist der Seminargarten in der Straße Horní. Traum-Panorama!

➤ S. 85, Südböhmen

ŠUMAVA (BÖHMERWALD) 7

Das Mittelgebirge wird auch „das Grüne Dach Europas" genannt und ist eine traumhaft schöne Landschaft an der Grenze zu Bayern.

➤ S. 91, Südböhmen

TELČ (TELTSCH) 8

Juwel im Südwesten Mährens: Renaissanceschönheit zwischen Fisch-Teichen.

➤ S. 98, Mähren

LEDNICKO-VALTICKÝ-AREAL (EISGRUB-FELDBERG-AREAL) 9

Der größte Landschaftspark Europas verbindet mehrere Schlösser miteinander.
Tipp: Gleich morgens um 9 Uhr auf das Minarett – da hast du alle Sichtachsen im Park für dich allein!

➤ S. 105, Mähren

OLOMOUC (OLMÜTZ) 10

In der romantischen Bischofsstadt zeigen sich wahre Barockschätze.
Tipp: Vom Rathausturm aus liegt dir die Altstadt zu Füßen. Die besten Fotos gelingen abends: Da steht die untergehende Sonne direkt hinter der Mariensäule.

➤ S. 112, Mähren

INHALT

INHALT

Besuch planen
€–€€€ Preiskategorien
Essen/Trinken
Shoppen
Ausgehen

(A2) Herausnehmbare Faltkarte
(a2) Zusatzkarte auf der Faltkarte
(0) Außerhalb des Faltkartenausschnitts

BESSER PLANEN MEHR ERLEBEN!

Digitale Extras
go.marcopolo.de/app/tsc

MARCO POLO

DIGITALE EXTRAS

DIGITAL NOCH MEHR ERLEBEN

Schneller in Urlaubslaune kommen.

Perfekt organisiert sein – vor, während und nach dem Urlaub.

Mit der MARCO POLO Touren-App und unseren digitalen Angeboten.

Noch mehr Trendziele, Inspiration und aktuelle Infos findest du auf **marcopolo.de**

SO EINFACH GEHT'S

1. Website besuchen
2. Die digitale Welt von MARCO POLO entdecken
3. App runterladen und ab in den Urlaub

Alle Infos zum digitalen Angebot unter **marcopolo.de/app**

DAS BESTE ZUERST

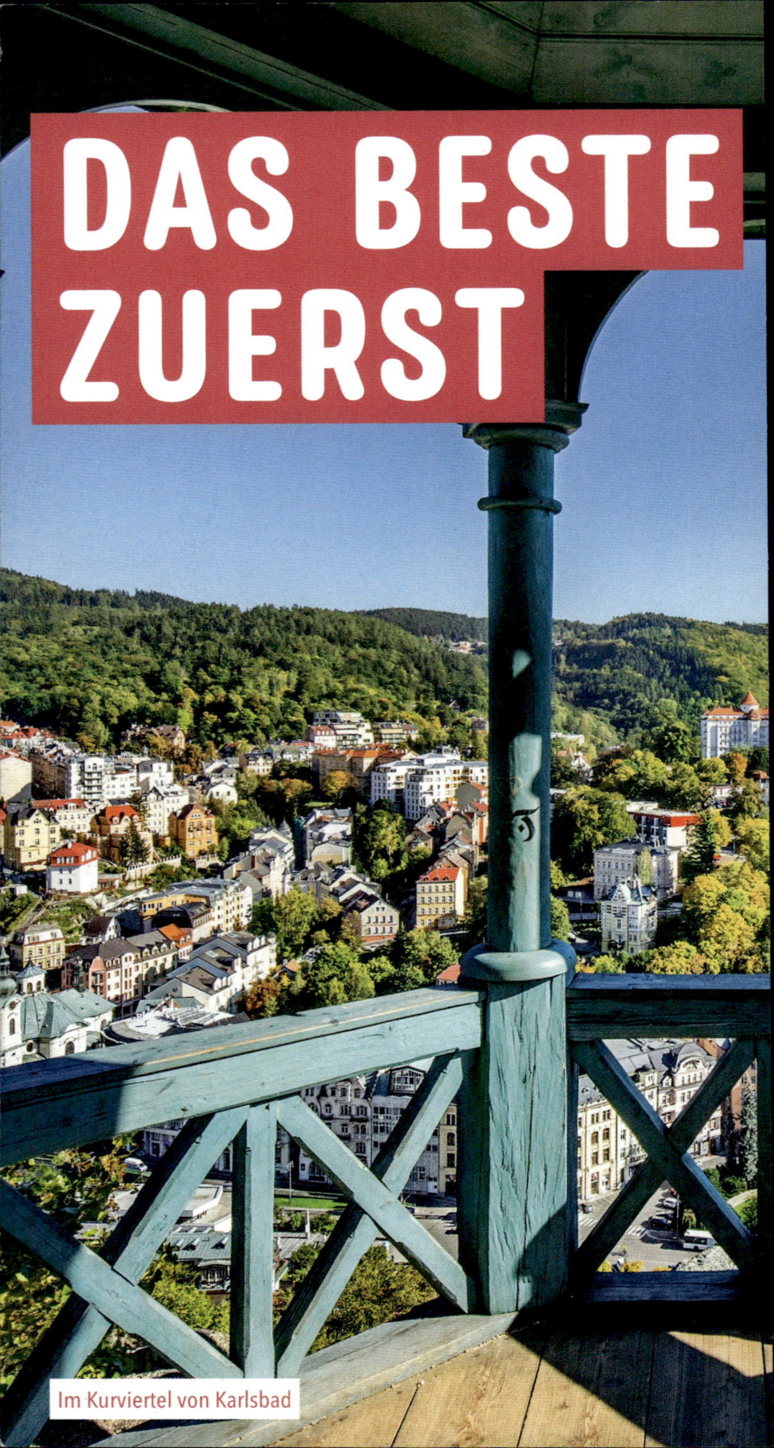

Im Kurviertel von Karlsbad

BEST OF BEI REGEN

SCHÖN, AUCH WENN ES REGNET

GROSSE KUNST
Lass dich von sehenswerten Sammlungen auch in der Provinz beeindrucken. In der *Galerie der modernen Kunst* in Hradec Králové ist fast die gesamte tschechische Kunstriege ausgestellt.
➤ S. 62, Nordböhmen

UNTERIRDISCH SCHÖN
In Tschechien haben sich viele Höhlen ausgebildet, die zu Fuß oder vom Kahn aus zu entdecken sind. Die Säle der *Konieprus-Höhlen* bieten spektakuläre Bilder (Foto).
➤ S. 76, Mittelböhmen

AUF INS KINO
In Prag lockt das *Lucerna-Kino* mit einem prächtigen Jugendstil-Saal, da kommt es auf den Film gar nicht an. Tschechisch musst du für die Dialoge nicht beherrschen, die Filme werden meist im Original gezeigt .
➤ S. 75, Mittelböhmen

STADTFÜHRER UNTER STROM
Selbst bei strömendem Regen ist Prag sehenswert – und bequem haben kannst du es noch dazu. Den Beweis liefert die *Straßenbahnlinie 22*, die dich im Trockenen sitzend an den wichtigsten Sehenswürdigkeiten vorbeichauffiert.
➤ S.70, Mittelböhmen

SO EINE UNTERSTELLUNG
Im *Archeopark Pavlov* geht es um Ausgegrabenes – und stilgerecht ist das neue Museum in die Erde eingelassen. Noch dazu an einer Stelle, wo unsere Vorfahren in der Steinzeit auf die Jagd gingen.
➤ S. 105, Mähren

WEIN VERKOSTEN IM KELLER
Kaum jemand kennt den mährischen Wein. Was du bislang verpasst hast, zeigt sich bei einer Verkostung in den *Winzergassen von Velké Bílovice.*
➤ S. 106, Mähren

BEST OF

LOW-BUDGET

FÜR DEN KLEINEN GELDBEUTEL

FREIER BLICK
Die einmaligen Felsnadeln sind das Wahrzeichen des Böhmischen Paradieses. Während du für die meistbesuchte Stelle, den Prachovské skály, bezahlen must, gibt es die spektakulären Aussichten *in der Nähe des Schlosses Hrubá Skála* zum Nulltarif.
➤ S. 60, Nordböhmen

KARLSBADER WASSER ZAPFEN
Die *sprudelnden Quellen* gehören zu den wichtigsten Attraktionen von Karlsbad. Die meisten Gäste kaufen Kurtassen aus Porzellan, um damit das Wasser aufzufangen. Wenn du einen eigenen Becher mitbringst sparst du - und im Mittelpunkt steht ohnehin das gesunde Wasser und keine noch so stilvolle Tasse.
➤ S. 44, Nordböhmen

FREILUFTKUNST
Kunstwerke wie die des Barockbildhauers Matthias Braun findet man eigentlich in Museen und Galerien. In *Kuks* aber bilden sie eine kostenlose Open-Air-Galerie – monumentale Statuen mitten im Wald.
➤ S. 63, Nordböhmen

DENKMÄLER JÜDISCHER KULTUR
Der alte *jüdische Friedhof im mährischen Třebíč* ist so bedeutend, dass er zusammen mit dem früheren Ghetto auf der Unesco-Welterbeliste steht. Und er ist kostenlos zugänglich (Foto).
➤ S. 100, Mähren

KOSTENLOS INS MUSEUM
Die *Mährische Galerie* in *Brünn* ist Vorreiter in Tschechien: In vielen ihrer Häuser ist der Eintritt komplett kostenlos, um so mehr Besucher zu locken – ins *Kunstgewerbemuseum* z. B., in den *Místodržitelský Palác* und den *Pražákuv Palác*. Und wenn es dir gefallen hat: Eine Spende ist immer willkommen.
➤ S. 107, Mähren

BEST OF MIT KINDERN

SPANNENDES FÜR GROSS & KLEIN

RAN AN DIE FELSEN!

So spektakulär die Elbsandstein-Felsen auch sind – für Eltern mit kleineren Kindern, d. h. mit Kinderwagen unterwegs, sind sie meistens nicht erreichbar. Anders ist das im Ort Kyjov in der Böhmischen Schweiz: Von dort aus führt eine *(autofreie) Asphaltstraße* durch den Nationalpark. Und ältere Kinder können immer wieder links und rechts per Klettersteig einen Aussichtspunkt erklimmen.

➤ S. 59, Nordböhmen

AUF DIE INSEL!

Was für eine gute Idee: Eine der vielen Moldau-Inseln in Prag ist ganz den Bedürfnissen von bewegungsfreudigen Kindern gewidmet – auf der *Kinderinsel (Dětský Ostrov)* gibt es einen großen Spielplatz, ein Sportplatz ist angelegt. Und auf die Eltern wartet ein kleines Restaurant mitsamt Terrasse am Wasser.

➤ S. 75, Mittelböhmen

INS WASSER!

Fast so wie am Meer – nur ohne Ebbe: Am *Strandbad* im Böhmerwald-Ort Černá v Pošumaví kannst du in den Lipno-Stausee abtauchen (Foto).

➤ S. 88, Südböhmen

UNTER DIE ERDE!

Einmal Kohlekumpel sein: Tief in den Bergwerksstollen geht's im *Landek Park* in Ostrava, einem stillgelegten Kohlebergwerk. Helm auf, Taschenlampe in die Hand und rein ins Abenteuer!

➤ S. 116, Mähren

AUF ZUM RÄTSELLÖSEN!

In einer früheren Festung betreibt die Universität Olomouc einen *Science-Park für Kinder:* Auf der Spur von naturwissenschaftlichen Phänomenen lässt sich hier problemlos ein ganzer Nachmittag verbringen. Eines der Highlights ist eine Riesenkugelbahn.

➤ S. 114, Mähren

BEST OF

TYPISCH

DAS ERLEBST DU NUR HIER

HISTORISCHE GEMÄUER DICHT AN DICHT

Nirgendwo sonst in Europa stehen Schlösser und Burgen so dicht gedrängt. In den historischen Bauwerken kann man sich wie Prinz und Prinzessin fühlen. Eine Burg wie aus dem Bilderbuch findest du etwa in *Karlštejn.*

➤ S. 76, Mittelböhmen

PILSENER IM ORIGINAL

In der ganzen Welt wird heute auf Pilsener Art gebraut. Am Ursprungsort in Pilsen hat die *Brauerei* ein eigenes Museum eingerichtet, außerdem gibt es tägliche Führungen zu Mälzerei und Sudkesseln – natürlich mit Kostproben (Foto).

➤ S. 52, Nordböhmen

RAUSCHENDE HÖHEN UND DAS BÖHMISCHE MEER

Gebirgszüge umgeben das Land von fast allen Seiten. Als Radler findest du z. B. im *Böhmerwald* schöne Strecken. Vergiss die Badesachen nicht, der *Lipno-Stausee*, das „böhmische Meer" lädt zum Abkühlen ein.

➤ S. 87, Südböhmen

AUF DEM WASSER DIE MOLDAU ENTLANG

Die Moldau ist der ganze Stolz der Tschechen, nach ihr hat ja auch Bedřich Smetana seine berühmteste Komposition genannt. Erkunde den Fluss vom Wasser aus, am besten per Kanu – das ist nirgends so schön wie in *Český Krumlov.*

➤ S. 87, Südböhmen

EINTAUCHEN IN DIE PRACHT DES BAROCKS

Alte Bürgerhäuser und Arkadengänge rund um den zentralen Marktplatz sind die Wahrzeichen vieler kleiner Orte. Sehenswert ist z. B. *Telč* – hier schlenderst du auf kurzen Wegen durch viel Geschichte.

➤ S. 98, Mähren

SO TICKT TSCHECHIEN

Bunt und exakt: astronomische Uhr am Altstädter Rathaus in Prag

ENTDECKE TSCHECHIEN

Prags Lebensader, die Moldau, mit Blick auf die Karlsbrücke und die Kleinseite

Ein Königreich ist Tschechien, ein Königreich der Schlösser und Burgen, der glasklaren Seen und der sanften Hügel. Wer auf den Landstraßen unterwegs ist, die sich durch Böhmen und Mähren schlängeln, schaltet automatisch einen Gang runter: So viel gibt es hier zu entdecken, dass man immer wieder Pause machen und eintauchen möchte.

SCHLÖSSER, GLANZ UND ALTER ADEL

Die herrliche Natur ist das große Kapital des Landes, das von Naturparks und Schutzgebieten durchzogen ist. Unterstrichen wird diese Schönheit von den historischen Städtchen mit ihren typischen rechteckigen Marktplätzen, die hier überall zu finden sind, und natürlich von den alten Herrenhäusern – schon zu längst vergangenen Zeiten wusste der (tatsächliche und der Geld-)Adel, dass es sich in

1348 Gründung der Karls-Universität in Prag, die erste Universität in Mitteleuropa

1415 Reformator Jan Hus wird als Ketzer verbrannt; in Böhmen starten Unruhen und Kriege

1918 Gründung der Tschechoslowakei

1938 Münchner Abkommen: Zerschlagung der Tschechoslowakei

1939 Deutsche Truppeneinmarsch

1945 Die Vertreibung der Sudetendeutschen beginnt

Böhmen und Mähren gut leben lässt. Kristallisationspunkt des Landes ist zweifellos Prag, jener gewachsene Königs- und Kaisersitz, an dem sich schon immer weltliche und kirchliche Macht konzentriert haben. Auch wenn es kaum Tschechien-Reisende gibt, die nicht über die Karlsbrücke spazieren oder den Hradschin hinaufsteigen wollen, so ist die Hauptstadt bei weitem nicht das einzige Ziel, das einen Besuch lohnt. Da ist das Bäderdreieck zwischen Karlsbad, Marienbad und Franzensbad im Westen, in dem in den vergangenen Jahrhunderten Dichter und Monarchen ihre Sommerfrische verbrachten. Český Krumlov, die gotische Perle in Südböhmen, durch die die Moldau mäandert. Oder Litomyšl, die Geburtsstadt des Komponisten Bedřich Smetana, die schon Generationen von Künstlern inspiriert hat. Kroměříž, der Bischofssitz in Mähren mit herrschaftlichen Parks und einer zauberhaften Innenstadt. Auch Olomouc hat eine Menge zu bieten: Früher war es die Hauptstadt des mährischen Landesteils, deren Pracht jeden Besucher noch heute in ihren Bann zieht. Und Znojmo und Mikulov, die beiden historischen Weinstädte an der Grenze zu Österreich, sind Sitz einiger der führenden Keltereien Mitteleuropas.

KULTURELLE HÖHENFLÜGE UND JEDE MENGE HIGH-TECH

Mit seinen gut 10 Millionen Einwohnern ist Tschechien etwa so groß wie Bayern – ein kleines Land, in dem aber doch die große europäische Geschichte überall ihre Spuren hinterlassen hat. Über Jahrhunderte waren Böhmen und Mähren integrale Bestandteile der Habsburger Monarchie. Zu Beginn des 20. Jhs. ge-

- **1948** Kommunistische Machtübernahme
- **1968** Prager Frühling: Liberalisierungsbewegung wird niedergeschlagen
- **1989/1990** „Samtene Revolution": Ende der kommunist. Herrschaft
- **1993** Tschechien und die Slowakei werden eigenständig
- **2004** EU-Beitritt; Beitritt zum Schengen-Raum 2007
- **2022** Tschechien übernimmt für sechs Monate die EU-Ratspräsidentschaft

hörte das Land zu den wohlhabendsten der Welt. Die Industrie stand in voller Blüte, und die Kulturszene zählte zu den lebendigsten in ganz Europa. Sie strahlte so aus, dass sie zum Magneten für Architekten, Schriftsteller und bildende Künstler wurde – der Schriftsteller Franz Kafka lebte in Prag, der Jugendstil-Doyen Alfons Mucha war Tscheche und natürlich große Komponisten wie Bedřich Smetana und Antonín Dvořák. Bis in die 1930er-Jahre hinein hielten die glorreichen Zeiten an, und noch heute sind im ganzen Land Zeugnisse dieser reichen Vergangenheit zu finden. Natürlich prägten die folgenden dunklen Jahrzehnte die Geschichte mindestens ebenso, zunächst die nationalsozialistische Besatzung und dann die kommunistische Herrschaft. Aber längst hat Tschechien die Schatten abgeschüttelt: In ein modernes Land hat es sich verwandelt – und in eines, dessen Wirtschaft nur so brummt.

AKTIVE LANDLIEBE

Der Legende nach streifte der „Urvater Čech", eine mythische Gestalt der nationalen Geschichte, in grauen Vorzeiten mit seinem Volk durch Europa auf der Suche nach einem passenden Siedlungsgebiet. Auf dem böhmischen Berg Říp soll er mit Blick auf die lieblichen Hügel ringsum ausgerufen haben: „Wir sind angekommen, hier wird es euch an nichts fehlen!" Die heutigen Tschechen machen sich über diesen Satz bisweilen lustig, sie seufzen augenzwinkernd: „Wäre er doch noch ein bisschen weiter gegangen, dann hätten wir heute auch ein Meer und einen Sandstrand!" Aber unabhängig von diesem Seitenhieb lieben die Tschechen ihr Land und sind geradezu ausflugsbegeistert, an schönen Wochenenden sind fast alle unterwegs – sei es zu Städtetouren, zu Wanderungen oder auf dem Weg zu Kletterabenteuern.

EIN PARADIES FÜR ENTDECKER

Und Ziele gibt es genug: Da ist das Provinzmuseum, in dem sich Kunstwerke von europäischer Bedeutung verbergen; da sind die kühlen Felsenkeller, in denen einige der besten Biere Europas gebraut werden und die für Neugierige immer gern die Türen öffnen; Sportler finden fast flächendeckend ausgeschilderte Rad- und Wanderwege, ob im Böhmerwald im Süden, im Riesengebirge im Norden, in den östlich gelegenen Beskiden oder der mährischen Karstregion. Auf den Seen wie dem Lipno-Stausee an den Ausläufern des Böhmerwalds oder dem Stausee Slapy, eine halbe Stunde südlich von Prag, wird gesegelt, die Kletterfelsen im Erzgebirge oder der Böhmischen Schweiz bieten Aussicht auf Abenteuer. Da sind die skurrilen Sandsteinformationen in einer Region, die schon dem Namen nach Lust auf neue Entdeckungen macht – Böhmisches Paradies heißt sie ganz offiziell, und wer hier auf den Hügeln steht, umgeben von spektakulären Felsnadeln und Burgruinen, der erkennt, dass in dem Namen ein Fünkchen Wahrheit steckt. Tschechien ist ein Land mit so vielen Facetten, dass jeder etwas finden wird, das ihn begeistert. Ganz so, wie es sich für ein Königreich gehört.

AUF EINEN BLICK

10.600.000
Einwohner

Bayern: 13.080.000

122M
Eisenbahnschienen pro km²

Europäischer Durchschnitt: 51 m

134
Autos pro 1000 Ew.

werden jährlich in Tschechien produziert. In Deutschland: 62

MINIBRAUEREIEN

480

Tendenz stark steigend

DURCHSCHNITTS-MONATSVERDIENST

37.499

KRONEN (CA. 1530 EURO)

GRÖSSTE STADT

PRAG

1,3 Mio. Einwohner

100 TÜRME
erheben sich in Prag – nach dem Klischee von der „hunderttürmigen Stadt". In Wirklichkeit sind es viel mehr. Wie viele genau? Das konnte bislang noch kein Experte ermitteln.

13,1%

der Tschechen bekennen sich zu einer Kirche – die niedrigste Zahl in der EU

BERÜHMTESTE PERSONEN
u. a.:
Antonin Dvořák, Miloš Forman, Karel Gott, Václav Havel, Jaromír Jagr, Ester Ledecká, Martina Navratilová

TSCHECHIEN VERSTEHEN

LANDLUST

Wenn du es irgendwie einrichten kannst: An Freitagen und Sonntagen solltest du die großen Überlandstraßen meiden. Da nämlich rollt aus den größeren Städten eine regelrechte Lawine los, die sich in Richtung Land ergießt: Die Liebe der Tschechen zu ihrem Wochenendhaus ist ungebrochen, sie mag noch in der sozialistischen Zeit wurzeln, als Städter den Rückzug ins Private betrieben, um sich von den Niederungen der Parteipolitik fernzuhalten. Inzwischen pflegen auch die Jüngeren diese Liebe weiter. Es wird gegrillt, Rasen gemäht und ab und zu vielleicht die Dachrinne repariert – eine Landidylle, die viele als Kindheitserinnerung mit sich tragen und nun ihrerseits an die Kinder weitergeben. Und so wie die nordischen Länder viele Begriffe für Schnee haben, so haben die Tschechen zumindest zwei für ihre Wochenendhäuser: Eine *chata* ist die bescheidenere Variante, meist aus Holz gebaut und nur ein oder zwei Zimmer groß. Die *chalupa* ist luxuriöser; häufig sind es frühere Bauernhäuser, die jetzt nur noch am Wochenende genutzt werden.

KAFKA & KOLLEGEN

Wenn Jaroslav Rudiš eine Lesung hält, erinnert es eher an den Auftritt eines Popstars: Reihenweise junge Fans lauschen dem tschechischen Starliteraten, der auf heimischen Bühnen ebenso umlagert ist wie in Deutschland. „Der Himmel unter Berlin" war sein Debütroman, seitdem schreibt er einen Hit nach dem anderen – einige wurden inzwischen sogar verfilmt. Und wenn Jaroslav Rudiš nicht schreibt, dann tritt er europaweit auf mit seiner „Kafka-Band". Allein mit dem Namen schlägt er einen Bogen von der gegenwärtigen Popliteratur zu den großen europäischen Klassikern, die in der Literatur beide ihren Platz in Tschechien haben. Noch zu Beginn des 20. Jhs. wurde Prag als „Paris des Ostens" gerühmt, die freiheitliche Atmosphäre und legendäre Künstlercafés lockten Talente aus ganz Europa an. Der berühmteste Autor aus Prag ist Franz Kafka – und er ist zugleich kennzeichnend für die damalige literarische Szene, an der deutsch- und tschechischsprachige Autoren ihren Anteil hatten. Neben Kafka sind

vor allem Max Brod, Egon Erwin Kisch und Franz Werfel berühmt geworden; sie alle stammten aus dem jüdisch-intellektuellen Milieu der Hauptstadt. Auf Tschechisch schrieben z. B. Karel Čapek, Nobelpreisträger Jaroslav Seifert und Jaroslav Hašek („Die Abenteuer des braven Soldaten Schwejk"). Unter kommunistischer Herrschaft wurden vor allem literarische Widerstandskämpfer bekannt: Milan Kundera etwa, Pavel Kohout oder Jiří Gruša. In ihrer Tradition stehen jetzt junge Autoren wie Jaroslav Rudiš.

PRACHTKULISSE

Filmteams aus aller Welt sind Dauergäste in Tschechien– mal drehen sie in den Burgen und Schlössern des Landes, mal in verfallenden Bauerngehöften, mal in den mittelalterlichen Straßenzügen einer historischen Stadt. Filme fast aller Genres entstehen hier: Horrorfilme vor vermeintlichen Spukschlössern, Actionfilme in engen Altstadtgassen und Historienstreifen in bröckelnden Gemäuern. Als „Hollywood des Ostens" wird Tschechien oft bezeichnet. Blockbuster wie „Mission Impossible" oder der James-Bond-Streifen „Casino Royale" sind in den Prager Barrandov-Studios entstanden, dazu kommen Hunderte Fernsehproduktionen – von der vielbeachteten „Charité"-Serie aus dem deutschen Fernsehen bis hin zum Vorabendkrimi aus Prag. In der sozialistischen Zeit haben sich die kreativsten Filmemacher auf das Trickfilmgenre gestürzt: „Der kleine Maulwurf" und „Pan Tau" etwa stammen aus Prag, berühmt sind auch die Märchenfilme wie z. B. „Drei Haselnüsse für Aschenbrödel". Andere Regisseure gingen lieber ins Ausland: Miloš Forman etwa, der mit seinen oscargekrönten Streifen wie „Einer flog über das Kuckucksnest" und „Amadeus" in Hollywood in die

Provokant: David Černýs Brunnen „Piss" vor dem Kafka-Museum in Prag

Beliebter und bürgernaher Präsident: Rockfan Václav Havel

erste Regisseursriege aufgestiegen ist, war Tscheche. Und wenn jährlich in Karlsbad das Filmfestival steigt, reisen die Größen der internationalen Filmbranche an.

SPUKSCHLÖSSER

Die „bila paní" ist der große Trend auf den tschechischen Schlössern: Die kostümierte „weiße Frau" – eine Sagengestalt aus vergangenen Jahrhunderten, die sich auf mehreren Adelssitzen herumgetrieben haben soll, zeigt Besuchern die Gemächer. Solche spannungsreichen Themenführungen sollen den Ruf der historischen Bauten entstauben helfen – denn tatsächlich sind das keineswegs bloß hübsche Überbleibsel aus der Vergangenheit. In Tschechien sind Burgen, Schlösser und Klöster ein Teil des Landschaftsbilds: Mehr als 2000 von ihnen gibt es, oft selbst in kleinen Ortschaften – das ist eine Zahl, die so hoch ist wie sonst nirgendwo in Europa. Viele der Schlösser können besichtigt werden; üblich sind Touren mit einem Schlossführer.

ROCKER-PRÄSIDENT

Am schwersten hatten es seine Bodyguards: Václav Havel war schon längst Präsident, aber immer noch fuhr er im Sommer gern auf die legendären Open-Air-Festivals der Underground-Rockbands. Die Bilder, wie der Präsident mit seinem Zelt auf einer schlammigen Wiese campiert, im Hintergrund dezent die Staatslimousinen versteckt, sind legendär – ganz so wie Havel selbst. Die Kommunisten sperrten den Schriftsteller, Dramatiker und Dissidenten lange Jahre hinter Gitter, aber seinen Kampf gab er nicht auf. 1989 wurde er zum ersten frei gewählten Staatspräsidenten des Landes.

PRAGER FRÜHLING

Als die Panzer kamen, ließen die Tschechen die Russen eiskalt auflaufen: Wo denn der Wenzelsplatz sei, fragten die Besatzungssoldaten durch ihre Panzerluken im Gewirr der Prager Altstadtgassen die Passanten, dort müsse man eine große Demonstration niederschlagen. Die Prager, so will es die Legende, schickten die verhassten Soldaten auf abenteuerlichen Irrwegen durch das Labyrinth der Innenstadt, so dass sie erst mit großer Verspätung zum Einsatzort fanden. Es war das traurige Ende einer vielversprechenden Bewegung: In den 1960er-Jahren ließ das kommunistische Regime die Zügel lockerer, man wollte einen „Sozialismus mit menschlichem Antlitz". Das Land atmete auf, die Stimmung war blendend. In den Zeitungen erschienen kritische Artikel, Schriftsteller publizierten unzensiert, und westliche Rock-'n'-Roll-Musik wurde zum letzten Schrei. Am 21. August 1968 endeten die Träume der Tschechoslowaken: Den Verbündeten im Warschauer Pakt ging das politische Tauwetter zu weit, sie schickten bewaffnete Truppen, die das ganze Land besetzten. Aus dem Prager Frühling wurde über Nacht ein Prager Herbst – bis zur Samtenen Revolution im Jahr 1989 griff das Regime unbarmherzig gegen vermeintliche Staatsfeinde durch.

UKRAINE

Das deutsche Wort „Gastarbeiter" verwendeten die Tschechen lange für jene 200 000 Ukrainer, die im Land oft die schwersten Jobs übernahmen –

KLISCHEE KISTE

BIERSELIGKEIT

Klar, die Zahlen sprechen für sich: 144 Liter Bier pro Jahr trinkt ein Tscheche im Durchschnitt, das ist Weltrekord – und lässt sogar die zweitplatzierten Deutschen mit ihren 107 Litern alt aussehen. Und überall im Land entstehen immer neue Klein- und Kleinstbrauereien, die die handwerkliche Tradition wiederbeleben und nur die Wirtschaften in direkter Nachbarschaft beliefern. Abends in der Kneipe, tagsüber beim Ausflug, am Wochenende beim Gucken eines Hockeyspiels – ein Bier kann man sich gönnen. Schon mal drüber nachgedacht, was die Bohème mit Böhmen zu tun hat?

DIE GOLDENEN HÄNDCHEN

Was den Deutschen ihr nachgesagtes Tüftler- und Erfindergen, das ist den Tschechen ihr handwerkliches Talent: Kein Dachstuhl ist zu kaputt, kein Rohrbruch zu kompliziert, als dass man ihn nicht selbst reparieren könnte. Im Kommunismus blieb ihnen auch nichts anderes übrig, weil es an allem mangelte, aber auch heute noch wird die Tugend aufopferungsvoll gepflegt. Wenn ihr in kleinen Pensionen oder privaten Wohnungen unterkommt, achtet mal drauf: Fast überall sind Spuren der handwerklichen Improvisation zu finden.

vor allem auf dem Bau und an Fließbändern. Nach dem russischen Überfall auf die Ukraine änderte sich das Image schlagartig: von den Schwerarbeitern zu Freiheitskämpfern. Die Tschechen gehörten von Anfang an zu den größten Unterstützern der Ukraine, mit Waffenlieferungen und finanzieller Hilfe. Für viele wirken die Geschehnisse wie eine Zeitmaschine: 1968 besetzten Truppen des Warschauer Paktes die Tschechoslowakei (s. Prager Frühling) und viele Tschechen überlegen heute, wie es gewesen wäre, wenn sich das Land damals auch gewehrt hätte.

FLAGGSCHIFF

In Tschechien fahren, auf die Einwohnerzahl heruntergerechnet, mehr Škodas als in Italien Fiats – so stolz sind die Einheimischen auf ihre Nationalmarke. Inzwischen ist Škoda eines der profitabelsten Unternehmen im ganzen VW-Konzern und die Automarke eilt von einem Absatzrekord zum anderen. Bei weit über einer Million Fahrzeuge pro Jahr ist man inzwischen angekommen – am Firmenstandort in Mlada Boleslav läuft exakt alle 59 Sekunden allein am größten Förderband ein nagelneues Fahrzeug vom Band, rund um die Uhr. Škoda ist das wirtschaftliche Aushängeschild für Tschechien: Mehr als fünf Prozent des Bruttosozialprodukts des ganzen Landes werden hier auf dem Werksgelände des Autobauers erwirtschaftet – das will etwas heißen in Zeiten, in denen alle Branchen in Tschechien boomen. Die Arbeitslosigkeit ist die niedrigste in ganz Europa, das Wachstum zählt zu den höchsten. Und so eilen die Tschechen mit großen Schritten ihrem großen Ziel entgegen: endlich in Sachen Lebensstandard zu Deutschland aufzuschließen.

GOLDENE STIMMEN

Du kennst von Karel Gott nur „Die Biene Maja"? Ein Fehler! In Tschechien war der 2019 gestorbene Mann kein Schlagersänger, sondern ein Superstar – und wer bei Youtube nach seinen Auftritten aus den 1960er-Jahren sucht, nach „Moon River" oder „It takes a worried man", dem gehen die Augen über. Dort ist Karel Gott ein Rock 'n'Roller reinster Schule, inklusive Elvis-Tolle und weit aufgeknöpfter Hemden. Weit weg von den Klischees über tschechische Musik bewegen sich auch die im Land besonders beliebten Rockbands wie Tři sestry, die sich dem Punkrock verschrieben haben, oder Kryštof, deren Musik an der Grenze zur Popmusik angesiedelt ist. Die Musikbegeisterung hat in Tschechien Tradition: Die großen Komponisten Bedřich Smetana und Antonín Dvořák werden bis heute verehrt und weltweit gespielt – genauso wie Leoš Janáček und Bohuslav Martinů, zwei jüngere Spitzenvertreter der klassischen Musik.

KALTE LEIDENSCHAFT

Hier ist der Plan für einen perfekten Abend: Kauft euch Tickets für ein Eishockeyspiel. Ganz egal, welche Mannschaft gerade antritt. Idealerweise Karten für einen Platz ganz vorn, wo nur eine Plexiglasscheibe die Tribüne vom Eis trennt. Und nehmt ein Bier mit rein: So viel näher kann man der

Glückliche Fans: Die tschechischen Eishockeymannschaften spielen auf höchstem Niveau

großen Sportleidenschaft der Tschechen nicht kommen, nirgends lässt sie sich besser verstehen als hier. Eishockey ist den Tschechen der wichtigste Sport, selbst Schulkinder sind mit dem Schläger über der Schulter in den Straßenbahnen zum Training unterwegs. Regelmäßig holen die Tschechen den Weltmeistertitel – und diese Siege haben bisweilen historische Bedeutung: Als das tschechoslowakische Team zu sozialistischen Zeiten zweimal die UdSSR im Finale der Weltmeisterschaft bezwang (1972 und 1976), war das ganze Land tagelang im Siegestaumel. Nach der verhassten Besetzung durch die Warschauer-Pakt-Truppen zum Prager Frühling waren die sportlichen Erfolge Großereignisse von politischem Rang geworden. Leicht abgeschlagen in der Popularität ist der Fußball. International bekannt sind die beiden Prager Teams Slavia und Sparta.

LANGSPIELPLATTE

Wenn Tschechien Großmacht ist, dann im Bereich Vinyl: Mit die meisten Schallplatten für den Weltmarkt stammen von hier – und zwar durch einen kuriosen Zufall: Die Firma GZ Media hatte noch aus sozialistischer Zeit riesige Anlagen zur Herstellung der Platten. Die schlummerten in den Werkshallen ungenutzt vor sich hin, sollten eigentlich längst entsorgt worden sein – bis sie dann mit dem Trend hin zu den LPs auf einmal wieder Gold wert waren. Seither laufen die robusten Uralt-Maschinen, die durch moderne Technik nicht zu ersetzen sind, im Nonstop-Betrieb rund um die Uhr.

ESSEN SHOPPEN SPORT

Tschechische Traditionsstücke und Souvenirs: handgemachte Puppen

PUPPETS
LOUTKY

ESSEN & TRINKEN

AUF DEN SPUREN DER GESCHICHTE

Tschechiens Küche wird von den *knedlíky* (Knödeln) geprägt, von mächtigen Fleischportionen und Kartoffeln in allen Varianten. Die einen genießen das deftige Essen für den großen Hunger mit den reichlichen Beilagen in vollen Zügen, die anderen sind der Braten- und Schnitzelkultur bald überdrüssig und sehnen sich nach frischem Salat oder knackigem Gemüse. Die Speisekarte in einem typischen Restaurant wirkt wie eine Art Geschichtslektion: Die jahrhundertelangen Einflüsse der österreichischen Küche lassen sich bis heute erkennen, ebenso die Tradition der herzhaft-robusten slawischen Gerichte. Aber die aktuellen Trends finden sich natürlich auch wieder: Vorbei sind die Zeiten, in denen man nur in spezialisierten Restaurants etwas Vegetarisches bekommen hätte oder wo (tatsächlich!) auf der Speisekarte selbst Hühnchen als vegetarisches Gericht angepriesen worden sind. Fleischlose und vegane Gerichte finden sich inzwischen in fast jedem Restaurant, auch wenn der Schwerpunkt nach wie vor auf Fleischgerichten aller Arten liegt.

Dank der vietnamesischen Minderheit in der Bevölkerung ist auch die asiatische Küche in der Gastro-Szene präsent: Immer neue, authentische Bistros bilden eine willkommene Abwechslung zu den schweren Traditionsgerichten.

VON SPITZENKÖCHEN UND DORFKNEIPEN

Wer in einem der gehobenen Restaurants kocht, hat zumeist viele Jahre auf Wanderschaft hinter sich und unterwegs Inspiration in den Küchen von Asien, Amerika und anderen Teilen Europas gesammelt. Das Ergebnis kommt der traditionellen böhmischen

Menüvorschlag: gebratene Ente mit Rotkraut und Knödeln und danach gefüllte Buchteln

Küche sehr zugute: Nicht umsonst setzen einige der Michelin-gekrönten Restaurants des Landes auf die klassischen Spezialitäten – nur eben angereichert mit Ideen aus der ganzen Welt.

Klassische Gasthäuser spielen in der tschechischen Alltagskultur eine tragende Rolle: Man trifft sich abends in der hospoda, der Kneipe. Meistens sind es einfache Lokale, die eher an eine Bierschänke erinnern als an ein elegantes Landgasthaus. Selbst unter der Woche sind sie meistens gut besucht, es wird gegessen, getrunken und Neues ausgetauscht. Diese Form der Unterhaltung pflegen übrigens nicht nur ältere Stammtischbrüder: Gerade in kleineren Orten auf dem Land ist die Kneipe die abendliche Ausgehadresse.

In den *hospoda* steht das Bier im Mittelpunkt, wer etwas essen möchte, findet dort meist Bodenständiges und Deftiges. Die Preise sind ausgesprochen moderat, Hauptgerichte für 5 bis 7 Euro sind Standard.

Die Zeiten allerdings, in denen anspruchsvolle Küche den Gästen in den großen Städten vorbehalten war, sind vorbei: Auf der Rangliste der besten tschechischen Restaurants tauchen immer öfter Adressen auf dem Land auf. Eine neue Generation von Wirten entstaubt die alte Tradition und sorgt dabei für eine Rückbesinnung auf das Regionale. Manche dieser Restaurants sind mit einem Hotel verbunden. Interessant sind auch Restaurants, deren Küchen viele ihrer Zutaten aus der eigenen Biolandwirtschaft beziehen, wie etwa im Böhmerwald, wo in den Höfen oft ebenfalls hervorragende Unterkünfte eingerichtet sind.

Fast alle Restaurants und Kneipen sind auch in der Mittagszeit geöffnet, viele bieten dazu unter der Woche ein besonders günstiges Mittagsmenü an.

BÖHMISCHE KNÖDEL UND IHR GEHEIMNIS

Die typischen Knödel solltest du unbedingt probieren. Die *knedlíky* sind aber auf keinen Fall zu verwechseln mit den kugelig geformten in Deutschland bekannten Klößen: Sie sind scheibenweise geschnitten und von fester Konsistenz. Zwei Sorten gibt es: den *houskový knedlík* und den *bramborový knedlík* – den Serviettenknödel, der aus Brot und Mehl zubereitet wird, und den Kartoffelknödel, der seinem deutschen Pendant schon ähnlicher ist. Ein echter böhmischer Knödel schmeckt nach gar nichts und saugt wunderbar die würzig-deftigen Saucen auf, in denen die tschechischen Gerichte beinahe schon schwimmen. Gar nicht wegzudenken sind die Knödel zum einen beim Gulasch, das zu den Klassikern der böhmisch-mährischen Küche zählt. Und zum anderen bei *svíčková*, dem böhmischen Lendenbraten.

DAS MACHT SATT

Die Hauptgerichte sind auf der Speisekarte üblicherweise ohne Beilage aufgeführt. Jeder Gast kann sich seine Mahlzeit also selbst zusammenstellen. Groß ist vor allem die Auswahl an Kartoffelbeilagen. Neben den üblichen Pommes frites, Bratkartoffeln und Kroketten (die hier übrigens kugelrund sind) gibt es häufig Kartoffelbrei oder eine Art Kartoffelauflauf, der typisch tschechisch ist, interessanterweise aber *francouzské brambory*, also französische Kartoffeln, heißt. Kartoffelschnitze dagegen heißen *americké brambory,* amerikanische Kartoffeln. *St'ouchané brambory* ist ein köstliches Püree, zu dem die Kartoffeln üblicherweise mit Lauch und einem Schuss Sahne verarbeitet werden.

WAS SÜSSES ZUM KAFFEE

Die landestypischen Desserts, Buchteln, Torten und karamellisierte Pfannkuchen, erinnern an die österreichische Mehlspeisentradition. Dazu trinken die Tschechen gern Kaffee – entweder den Wiener Kaffee *(videnska kava)*, der mit einer Haube aus süßer Schlagsahne serviert wird, oder den rabenschwarzen und sehr starken türkischen Kaffee *(Turek)*. Neben diesen Traditionssorten gibt es aber in fast jeder Kneipe auch Espresso oder Cappuccino.

IN DER HAUPTROLLE GLÄNZT DAS BIER

Fast obligatorisch zu jeder Mahlzeit ist das Bier, sogar schon mittags gehört es zum Essen dazu. Viele Kneipen bieten inzwischen auch alkoholfreies Bier vom Fass an. Dabei ist Bier nicht gleich Bier: Jeder Kenner hat seine eigene Lieblingsmarke, schließlich gibt es in Tschechien reichlich Auswahl. In jüngerer Zeit erleben zahlreiche Regional- und Familienbrauereien eine regelrechte Renaissance. Die Tschechen teilen ihr Bier nach Grad ein, diese Kennzahl gibt die Stammwürze an. Ein zehngradiges Bier ist leichter als etwa ein zwölfgradiges. Weintrinker finden vor allem in den besseren Restaurants ein großes Angebot, in dem besonders die böhmischen und mährischen Weine stark vertreten sind.

Unsere Empfehlung heute

Vorspeisen

KULAIDA
eine Kartoffel-Pilz-Suppe verfeinert mit Dill

PRAŽSKÁ ŠUNKA
Prager Schinken kombiniert mit eingelegten Gurken und Meerrettich

Hauptgerichte

SVÍČKOVÁ
das Nationalgericht schlechthin ist der Lendenbraten vom Rind mit süßlicher Sahnesauce und böhmischen Knödeln, garniert mit Preiselbeeren

GULÁŠ
Gulasch – einer der Klassiker in der böhmischen Küche; nur echt mit Knödeln

KACHNA
Ente, die in allen Variationen auf der Speisekarte steht

MORAVSKÝ VRABEC
„Mährischer Spatz": Roulade aus Schweinefleisch, meist serviert mit Kraut und Knödeln

ŘÍZEK
ein Schnitzel, paniert oder natur, von Schwein, Huhn oder Pute

Desserts

LIVANCE
die österreichischen Liwanzen auf tschechische Art: Minipfannkuchen, meistens serviert mit fruchtiger Sauce

PALAČINKY
Pfannkuchen mit herzhafter oder süßer Sauce; ähnlich den österreichischen Palatschinken

OVOCNÉ KNEDLÍKY
Obstknödel, gefüllt mit Erdbeeren oder Zwetschgen

Snacks

UTOPENCI
„Ertrunkene" heißt sie wörtlich übersetzt, eine in Essig eingelegte Wurst

NAKLÁDANÝ HERMELÍN
Eingelegter Camembert, meistens serviert im Weckglas, garniert mit Zwiebeln

Digestifs

BECHEROVKA
Kräuterschnaps-Klassiker aus Karlsbad

SHOPPEN & STÖBERN

ALT UND DEKORATIV

In alten Bauernhäusern sind viele Schätze über Generationen hinweg vererbt worden – bis sich die heutigen Besitzer daran oft sattgesehen haben. Antikgeschäfte, die diese Stücke verkaufen, gibt es in jeder größeren Stadt. Die meisten verschicken selbst sperrige Möbel auch ins Ausland.

VOLL IN MODE

International erfolgreiche tschechische Designer haben ihre Boutiquen meist in Prag. Wenn du nach Haute Couture oder Inspiration suchst, wirst du in Prag vor allem im Viertel Josefov fündig. Die Boutiquen von Klara Nademlynská und Beata Rajská liegen nah beieinander *(Dlouhá 3 und Dušní 2 | klaranademlynska.cz, beatarajska.cz)*. Die Designerin Petra Balvínová verkauft ihre Kreationen im angesagten Viertel Holešovice *(Janovského 9 | tiqe.cz)*. Das Duo e.daniely *(Na struze 1 | edaniely.cz)* unterhält sein Geschäft gleich an der Moldau. Sehenswert ist auch das pfiffige Geschäft Kuráž, wo es neben Mode auch Schmuck und alle möglichen anderen Designartikel gibt *(Veletržní 48 | kuraz.cz)*. Einfallsreiche Modedesigner gibt es auch in anderen größeren Städten – insbesondere Brünn ist ein wichtiges Kreativzentrum.

VERSPIELT

Tschechiens Puppentheater haben lange Tradition. Die Hauptdarsteller dazu, Marionetten und Handpuppen, gibt es vor allem in Prag zu kaufen. Zahlreiche kleine Schreinerwerkstätten spezialisieren sich auf Kinderspielzeuge, ganz aus Holz und bemalt mit unschädlichen Farben. Verkaufsstellen gibt es in vielen Orten. Empfehlenswert sind z. B. *Dřevěné hračky (Tř. ČSA 216)* in Hradec Kralové oder im Böhmerwald-Ort Modrava die Verkaufsstelle im *Holzmuseum (Modrava 12)*.

In Prag steht das Einkaufszentrum Palladium (li.) mit mehr als 170 Geschäften

AUF DEN TISCH

Seit Jahrhunderten sind vor allem in Nordböhmen Glasmanufakturen beheimatet. Die bekannte österreichische Firma Swarovski hat ihre Ursprünge in Böhmen. Filigrane Glasfigürchen zur Dekoration wirst du ebenso finden wie edle Trinkgefäße. Allerdings: Kitsch und Kostbarkeit liegen bisweilen recht dicht beieinander. Die Porzellanindustrie ist besonders im Raum Karlsbad stark vertreten. Einkaufen kannst du in einer der Boutiquen vor Ort (s. S. 46), aber spezialisierte Fachgeschäfte haben sich überall im Land etabliert wie etwa *Rückl (Lánská 141 | Nižbor | ruckl.cz)* oder *Modernista* u. a. *(Ovocný trh 19, Praha | modernista.cz),* beste Anlaufstelle für kubistische Glas- und Porzellanartikel.

EINFALLSREICH

Tschechische Designer spielen in vielen Disziplinen in der europäischen Spitze mit. Wenn du im Land unterwegs bist, stößt du überall auf ihre Erzeugnisse: Möbel, Papeterie-Waren, Holzspielzeuge, Accessoires und alles, was (nicht nur) schön anzuschauen ist. Falls du dich nicht vom Zufall treiben lassen willst, schau auf die Landkarte *czechdesignmap.cz.*

LECKER UND GEHALTVOLL

In Pardubice werden die besten tschechischen perníky gebacken, eine Art Lebkuchen. Es gibt sie das ganze Jahr über. Aus Karlsbad stammen die Kuroblaten, hauchfeine Waffeln, die mit einer Nuss- oder Schokocreme gefüllt sind. Oder du packst als Mitbringsel eine Flasche Becherovka ein, den Kräuterlikör aus Karlsbad. Echte böhmische Knödel kann man fertig verpackt im Kühlregal in jedem Supermarkt finden (mind. eine Woche haltbar).

INSIDER-TIPP
So einfach, so lecker

SPORT

Rund um die Städte herrscht am Wochenende und auch nach Feierabend eine regelrechte Rushhour auf den Rad- und Joggingwegen, und in der Ferienzeit bezwingen zahlreiche tschechische Ausflügler ihre heimischen Berge.

Du wirst dich also in bester Gesellschaft befinden, wenn du dich mit deiner Sportausrüstung in die Startposition begibst. Und: Das nötige Equipment wie Mountainbike, Kanus oder Ski kannst du dir in fast jedem Ort in Böhmen und Mähren auch leihen.

GOLF

Mehr als 80 Golfplätze gibt es in Tschechien, die Tendenz ist stetig steigend. Einen Platz mit spektakulärer Aussicht auf eine Märchenburg findest du in *Karlštejn (karlstejn-golf.cz)* vor den Toren Prags, zu den ältesten Anlagen Europas zählt jener in Marienbad *(golfml.cz)*. Eines der beliebtesten Golfhotels mit bemerkenswerter moderner Architektur steht in den Beskiden *(miura.cz)*. Nähere Infos bei der *Golf Travel Association (cgta.cz)*.

KLETTERN

An den Haarnadelfelsen im Landschaftsschutzgebiet Böhmisches Paradies (Český ráj) vergeht im Sommer kein Tag, an dem nicht Dutzende Kletterer die Steilwände erklimmen. Längst gibt es ausgewiesene Trassen, auf denen das Klettern ausdrücklich erlaubt ist. Dort finden geübte Bergsteiger auch fest installierte Haken und Ösen.

Neben dem Böhmischen Paradies kommen Kletterer vor allem in der Böhmischen Schweiz, einem Teil des Elbsandsteingebirges an der Grenze zu Sachsen, auf ihre Kosten. Eine Übersicht über die besten Wege gibt es unter *czechclimbing.com*.

Wenn du das Klettern erst einmal aus-

Klettern mit Showeinlage hoch über der Moldau

probieren möchtest, hast du dazu in Prag die Gelegenheit: Eine der größten Indoor-Kletterwände ist im Ortsteil Holešovice installiert *(Lezecké centrum Mammut: Mi, Fr–Mo 10–23, Di, Do 7–23 Uhr | Bubenská 43 | stenaholesovice.cz).*

INSIDER-TIPP
Die Wände hochgehen

RADFAHREN

Die kleinen gelben Radzeichen findest du fast überall: Flächendeckend sind in Tschechien Radstrecken ausgeschildert, die oft durch die reizvollsten Landschaften verlaufen. Allerdings wirst du meist über Landstraßen und Nebenstrecken geführt – eigene Fahrradwege neben den Hauptstraßen gibt es eher selten, auch wenn die Baubehörden hier langsam aber sicher aufholen. Kein Vergnügen ist das Radeln in größeren Städten, hier ist die Infrastruktur für Radler meistens miserabel. Ein Drittel des *Elberadwegs (Labska cyklotrasa | elberadweg.de)* verläuft in Tschechien und führt von Špindlerův Mlýn (Spindlermühle) im Riesengebirge durch Weinregionen bis in die Böhmische Schweiz. Heimliche Radfahrerhauptstadt ist der kleine Ort Slavonice im Süden nahe der österreichischen Grenze, in dem sich auch internationale Radrouten kreuzen wie etwa die *Thayarunde (thayarunde.eu).* Wegen seines flachen Terrains hat sich auch Třebon als beliebte Radler-Destination etabliert. Die Region um die Weinstädte Znojmo und Mikulov ist ebenfalls hervorragend erschlossen – allerdings recht hügelig. Dort folgen die meisten Wege dem Thema Wein, versehen mit vielen Möglichkeiten zu Weinproben und Gutsbesichtigungen. Im Böhmerwald verläuft ein gut ausgebautes Wegenetz rund um den Ort Kvilda. Hier finden – genauso wie in den anderen tschechischen Gebirgszügen – auch Mountainbiker passende Strecken, Mountainbiking ist in Tschechien beliebt, das Trail-Netz entsprechend gut ausgebaut. Eine Gruppe von Enthusiasten hat beispielsweise Strecken nahe des Böhmerwald-Ortes Kašperské Hory und damit außerhalb des streng geschützten Nationalparks zusammengestellt: zu finden auf *javornickeokruhy.cz*. Eine gute Seite mit Trails verschiedener Schwierigkeitsgrade ist *biketraily.cz* – zwar nur auf Tschechisch, aber mit genauem Kartenmaterial und GPS-Daten weitgehend selbsterklärend. Infos zu Touren und Kartenmaterial gibt es auch bei der jeweiligen Touristeninformation.

Fahrradverleihe findest du in vielen Städten; auch die tschechische Bahn verleiht an zahlreichen Bahnhöfen Räder. Wo genau, erfährst du auf einer Landkarte unter *cd.cz/cdbike*.

REITEN

Die ländlichen Regionen mit ihren wenig benutzten Feldwegen sind ein ideales Revier für Reiter. Vielerorts kannst du reiten, meistens in sogenannten Ranchs (oder tschechisch geschrieben: *ranč*). Adressen findest du bei der örtlichen Touristeninformation. Ein beliebtes Ziel ist z. B. die *Galloway-Farma (8 Zi. | Roupov 28, Přeštice | galloway-farma.cz | €–€€)* im Vorgebirgsland des Böhmerwalds: Auf dem Biohof gibt es jede Menge Pferde und eine moderne Pension. Mit Reitstunden und professionellem Trainingsgelände. Bei Pferdefans ist auch die nagelneue Anlage in Jítrava beliebt *(jitrava.cz)*.

WANDERN

Verlaufen unmöglich: Hunderte Kilometer gut ausgeschilderter Wanderwege wirst du in Tschechien finden, je nach Vorliebe mehr oder weniger bergig. Böhmerwald, Erzgebirge, Riesengebirge und die Böhmisch-Sächsische Schweiz sind die klassischen Ziele, aber es gibt auch weiter östlich im Land einiges zu entdecken – in den Beskiden an der slowakischen Grenze z. B. oder im Altvatergebirge. Für nähere Informationen zu Touren und Routen ist der *Klub českých turistů (kct.cz)*, die beste Anlaufstelle, eine Art gut organisierter Wanderverein. Detaillierte Wanderkarten des Verbands zu beinahe allen Regionen des Landes erhalten Sie in den Buchhandlungen vor Ort. Ambitionierte Seite u. a. mit Wandervorschlägen: *tschechische-gebirge.de*.

WASSERSPORT

Segler, Surfer, Taucher, Kanuten und Schwimmer finden mehr als genug Angebote für ihr liebstes Hobby. Vor allem um die größeren (Stau-)Seen des Landes herum gibt es Wassersportzentren, in denen Boote und Ausrüstungen verliehen werden, zu nennen sind insbesondere der Lipno-Stausee im Böhmerwald, die Talsperren Orlík und Slapy an der Moldau (ca. 80 bzw. 40 km südlich von Prag), der Mácha-See nahe der Stadt Doksy sowie im Osten des Landes die Seen Žermanice, Nové Mlýny und Vranov. Kanufahrer finden die beste Infrastruktur am Fluss Sázava, gute Einstiegsorte sind etwa Havlíčkův Brod oder Týnec nad Sázavou, besonders

Wandern durch Wald und Fels in der Böhmischen Schweiz

beliebt ist der Abschnitt um die Stadt Světlá und an der Moldau bei Český Krumlov. Etliche Bootsverleiher holen die Kanufahrer mit dem Auto wieder ab. Wer es wilder mag: Es gibt auch gute Rafting-Strecken in Tschechien. Direkt in Prag ist eine anspruchsvolle Übungsstrecke *(praguewhitewater.cz)* im Stadtteil Troja, auch in der Nähe von Budweis in Südböhmen gibt es eine beliebte Strecke *(raftingcb.cz)*. Wer in Mähren aufs Wasser will, wird unter anderem bei *pklode.cz* fündig.

WINTERSPORT

Inzwischen sind die tschechischen Skigebiete, auch die im Riesengebirge, ebenso stark überlaufen wie viele Alpenorte. Eng miteinander verbundene Skigebiete mit Dutzenden Abfahrten allerdings gibt es in Tschechien nicht. Als Kitzbühel des Ostens versucht sich der Ort Špindlerův Mlýn *(spindleruv-mlyn.cz)* im Riesengebirge zu etablieren – hier findest du die am besten präparierten Pisten und notfalls reichlich Kunstschnee, aber auch die höchsten Preise. Insbesondere hier wie auch im Skigebiet von Harrachov finden Snowboarder die entsprechende Infrastruktur für ihren Sport, Powderruns und Halfpipes. Für Langläufer gilt der Böhmerwald als erste Wahl, einsteigen kannst du beispielsweise in Kvilda. Weitere Skigebiete finden sich etwa im Altvater- und im Erzgebirge: Praděd und Děstné sind bei Tschechen beliebte Areale. Infos auf *czechtourism.com* oder. *snowpage.de.*

DIE REGIONEN IM ÜBERBLICK

Odra
Prag als grandioser Mittelpunkt einer bezaubernden Landschaft mit Schlössern und Burgen
Hradec Králové
Pardubice
Litomyšl
Morava
Karviná
Ostrava
Odra
Frýdek-Místek
Olomouc
Prostějov
Přerov
MÄHREN S. 94
Jihlava
Kroměříž
Zlín
Třebíč
Brno
Znojmo
Mikulov
Raue Landschaften und sanfte Weinhänge
SLOVENSKÁ REPUBLIKA
Donau
50 km
31.07 mi
Neusiedler See

NORDBÖHMEN

GLAMOURÖSE KURBÄDER UND WILDE NATUR

Die hochherrschaftlichen Heilbäder sind das bekannteste Ziel im nördlichen Teil Böhmens. Karlsbad, Marienbad, Franzensbad und die zahlreichen kleineren Kurorte sind zum Synonym geworden für die elegante Sommerfrische.

Goethe weilte hier, der europäische Hochadel flanierte über die gewienerten Boulevards, und selbst der russische Zar logierte für einige Wochen im Jahr zur Kur in der Gegend. Die Bäder sind bis heute die meistbesuchten Orte in der Region. Zu sehen gibt es aber mehr:

Kurpromenade in Karlsbad

Im Norden Böhmens erstreckt sich der Gürtel aus Erz-, Elbsandstein- und Riesengebirge in West-Ost-Richtung. Verschiedene Felslandschaften geben dem Gebiet sein ganz besonderes Aussehen. Zahlreiche Burgen, Schlösser und Klöster sind zu besichtigen, und viele Städte locken in die renovierten Ortskerne.

NORDBÖHMEN

MARCO POLO HIGHLIGHTS

★ **HRADEC KRÁLOVÉ (KÖNIGGRÄTZ)**
Hier treffen sich Renaissance und Moderne – ein Muss für Architekturfans
➤ S. 61

★ **ČESKÝ RÁJ (BÖHMISCHES PARADIES)**
Mächtige Sandsteinformationen und geheimnisvolle Felsenstädte ➤ S. 60

★ **LOKET (ELBOGEN)**
Über dem mittelalterlichen Städtchen thront die imposante Burg ➤ S. 46

★ MARIÁNSKÉ LÁZNĚ (MARIENBAD)
Die Kurstadt, die es Goethe am meisten angetan hat ➤ S. 48

★ KARLOVY VARY (KARLSBAD)
Die mondäne Kurstadt schlechthin mit Stuck, Flaniermeilen und heilendem Wasser ➤ S. 44

★ TEREZÍN (THERESIENSTADT)
Das von den Nazis eingerichtete Konzentrationslager ist heute eine bewegende Gedenkstätte ➤ S. 56

★ KRKONOŠE (RIESENGEBIRGE)
Ein märchenhafter Nationalpark ➤ S. 60

★ LITOMYŠL (LEITOMISCHL)
Atmosphäre und Flair der Geburtsstadt von Bedřich Smetana sind kaum zu übertreffen ➤ S. 64

★ PLZEN (PILSEN)
Die Welthauptstadt des Biers hat noch mehr zu bieten als nur Pilsner Urquell – aber das natürlich auch ➤ S. 50

KARLOVY VARY (KARLSBAD)

D3 **Prächtige Kolonnaden und überbordend verzierte Fassaden, heilsames Mineralwasser und die Ruhe der Wälder ringsum – diese Kombination zieht schon seit Jahrhunderten Gäste in den ★ Kurort.** Dichter, Komponisten und Maler fanden hier Inspiration und Muße. Dank ihres Heilwassers avancierte die Stadt zu einer der angesagtesten Adressen in Europa. Heute ist Karlsbad mit seinen 54 000 Ew. ein Hort des Wohlstands. In den Sommermonaten, wenn die Pferdekutschen in den Kopfsteinpflastergassen unterwegs sind, liegt wieder ein Hauch von Österreich-Ungarn über der Stadt.

SIGHTSEEING

KOLONÁDY (KURKOLONNADEN)

So wandeln Könige: Die überdachten Kolonnaden sind das Herzstück von Karlsbad, die schon dem Hochadel eine trockene Kur bei jedem Wetter ermöglicht hatten. Die meisten sind geschnitzte Holzkunstwerke aus der Gründerzeit, immer wieder hat sich aber ein kommunistisch-wuchtiger Glasbau eingeschlichen. Park-, Mühlbrunnen-, Markt- und Sprudelkolonnade etwa liegen alle hintereinander im Zentrum, dazwischen steht das Kurhaus. Bring eine Tasse mit, dann kannst du kostenlos an den Heilquellen etwas trinken, ohne eine spezielle Kurtasse kaufen zu müssen.

KIRCHEN

Dass es unter Karlsbads Gotteshäusern eine orthodoxe Kirche gibt, die *St.-Peter-und-Pauls-Kirche (Chrám sv. apoštolů Petra a Pavla | Zugang über die Straße Petra Velikého),* zeigt, dass die Russen schon früh gern in Karlsbad waren. Als „kleines Sankt Petersburg" verspotten die Tschechen ihren größten Kurort bis heute gern, denn die Tradition hält weiter an. Sehenswert ist die Kirche mit ihren vergoldeten Türmen und dem byzantinisch gehaltenen Interieur auf jeden Fall. Genauso wie das katholische Pendant, die *Maria-Magdalena-Kirche (Kostel sv. Máří Magdalény | Zugang über die Vřídelní-Straße),* die aus der Barockzeit stammt.

SUPERMARKET WC

Schon der Name ist eine Provokation im Zuckerbäcker-Ambiente der Stadt – dabei trifft er doch zu: Früher war das Gebäude ein Kiosk mit öffentlicher Toilette, heute hat es sich in eine Kunstgalerie mit Werkstatt zum Selberbasteln und Minicafé verwandelt. Das alles auf 43 Quadratmetern, von außen knallig in Gelb-Schwarz. *Mo–Fr 13–18 Uhr | Nám. republiky 1 | supermarketwc.cz*

INSIDER-TIPP
Kein Griff ins Klo

GOETHOVÁ STEZKA (GOETHE-WEG)

Der Spaziergang beginnt am Grandhotel Pupp und führt in die Hügel oberhalb der Stadt. Je nach Kondition

Die Schlangenquelle in der Parkkolonnade ist 30°C warm

lässt sich die Route variieren. Vom Aussichtsturm Diana (auch mit einer Standseilbahn erreichbar) hast du den besten Blick über Karlsbad *(tgl. Nov.–März 9–16.45, April, Okt. 9–17.45, Mai–Sept. 9–18.45 Uhr)*. Außerdem liegen der Aussichtsturm von Karl IV. auf dem Weg und der berühmte „Hirschsprung", eine Hirschstatue, Karlsbads inoffizielles Wahrzeichen.

ESSEN & TRINKEN

Gehst du an Straßenhändlern auch meistens achtlos vorbei? In Karlsbad ein Fehler: Probier die berühmten Kuroblaten – am besten mit Nussfüllung.

EMBASSY

Hier herrscht die höchste Promidichte während des Karlsbader Filmfestivals. Aufwendige Küche, herrschaftliches Ambiente. *Tgl. | Nová louka 21 | Tel. 353 22 11 61 | embassy.cz | €€€*

PROMENÁDA

Hervorragende Küche im 4-Sterne-Hotel, mehrfach als bestes Restaurant der Stadt ausgezeichnet. Wechselnde Speisekarte, der Schwerpunkt liegt auf regionalen Gerichten. *Tgl. | Tržiště 31 | Tel. 353 22 56 48 | zhotel-promenada.cz | €€€*

PANORAMA

Restaurant in einer kleinen Villa auf einer Anhöhe unweit der Altstadt. Klassische böhmische Speisekarte, viel Fleisch. *Tgl. | Na Vyhlídce 56 | Tel. 353 23 05 47 | panoramahotel.cz | €€*

ŠPUNT & KNOFLÍK

Dicke Hamburger, coole Drinks – und am Wochenende geöffnet bis 2 Uhr morgens. *Mo–Sa | Bělehradská 9 | Tel. 606582451 | spuntaknoflik.cz | €*

SHOPPEN

MOSER

Einer der traditionsreichsten Glashersteller der Region. Mit Werksführungen, eigenem Museum und dem größten Glasgeschäft weit und breit. *Tgl. 9–18, Museum 9–17, Führungen 9–14.30 Uhr | Kpt. Jaroše 19 | moser-glass.com*

RUND UM KARLOVY VARY

1 LOKET (ELBOGEN) ★

16 km/15 Min. von Karlovy Vary (Auto)

Die Geschichte der Trutzburg an der markanten Biegung der Eger (Ohře) soll bis ins 12. Jh. zurückreichen. Sie ist vollständig erhalten – inklusive Zeremoniensaal, Herrschafts- und Mannschaftsquartieren. In der *Burg (tgl. Nov.–März 9–16, April–Juni, Sept., Okt. 9–17, Juli, Aug. 9–18 Uhr | Zámecká 67 | hradloket.cz)* kommst du gut ohne Führung zurecht. Zugänglich ist auch der alte Folterkeller, in dem die widerwärtigsten Praktiken nachgestellt sind – Achtung, das ist nichts für Zartbesaitete.

In der Stadt Loket mit den alten Häusern um den Marktplatz, den malerisch verlaufenden Treppen hinauf zur Burg, der Pestsäule und der hübschen Kirche erstrahlt alles in renoviertem Glanz. *D3*

2 CHEB (EGER)

50 km/30 Min. von Karlovy Vary (Auto)

Cheb (35 000 Ew.) war früher ein wichtiges Handelszentrum und glänzt heute mit einer wunderbaren Altstadt. Warum auch immer die Bauherren im Mittelalter so viel Platz sparen wollten – sie taten es meisterhaft: Elf Gebäude haben sie bis zu sechs Stockwerke hoch aneinandergeschachtelt; das sogenannte Stöckl (Špalíček) auf dem Marktplatz ist heute das Wahrzeichen der Stadt. Sehenswert ist auch das barocke Neue Rathaus (Nr. 16) mit seinem Uhrenturm. Abseits des Zentrums lohnen die Reste der romanischen Burganlage *Hrad Cheb (Nov.–März Sa/So 10–15, April, Mai, Sept., Okt. Di–So 10–17, Juni–Aug. Di–So 10–18 Uhr | Dobrovského 21 | hrad-cheb.cz)*, erbaut im 12. Jh. von Friedrich I. Barbarossa, einen Besuch. *C4*

3 FRANTIŠKOVY LÁZNĚ (FRANZENSBAD)

48 km/30 Min. von Karlovy Vary (Auto)

Unverkennbar ist Franzensbad (6000 Ew.) die kleinere Schwester von Marienbad und Karlsbad. Es strahlt die Noblesse aus, für die alle böhmischen Bäder berühmt sind. Am besten erkundest du die Stadt von der Narodní třída (Nationalstraße) aus. Die Isabelina promenáda (Isabella-Promenade) verläuft als herrliche Allee durch die Kurparks. *C3–4*

Vertikales Bauen als Mittel der Nachverdichtung kannten Chebs Bauherren schon früh

4 SOOS

45 km/35 Min. von Karlovy Vary (Auto)

Bei Franzensbad liegt dieses Naturschutzgebiet, eine Sumpf- und Moorlandschaft, in der es an vielen Stellen blubbert, denn hier strömt CO_2 durch (je nach Jahreszeit) wassergefüllte Moorvulkane an die Oberfläche. Durch die eigentümliche Mondlandschaft führen gesicherte Holzsteige hindurch. Der Startpunkt liegt bei dem Ort Nový Drahov. *Tgl. März, Nov. 10–16.30, April, Okt. 9–16.30, Mai, Juni, Sept. 9–17.30, Juli, Aug. 9–18.30 Uhr* | *C3*

5 KRUŠNÉ HORY (ERZGEBIRGE)

20 km/17 Min. von Karlovy Vary (Auto) bis Jáchymov

Die jahrhundertelange Tradition im Bergbau brachte der Region jetzt einen Platz auf der Welterbeliste der Unesco – auf tschechischer wie auf deutscher Seite finden sich zahlreiche sehenswerte Besucherbergwerke, Museen und Bergbaustädte. Den besten Überblick gibt's auf *montanregion.cz.*

Wer wegen der Natur in die reizvolle Landschaft des Erzgebirge reist, findet rund um den höchsten Berg, den Klínovec (Keilberg, 1244 m), die Ausgangspunkte für zahlreiche lohnende Wanderungen, bspw. ab Jáchymov (Joachimsthal). Im Winter zieht sich ein dichtes Netz an Skipisten die Erhebungen hinab. Mountainbiker haben im *Trail Park Klínovec (mit Verleih| trailpark.cz)* die Wahl auf Strecken verschiedener Schwierigkeitsstufen den Berg hinabzufahren.

Wer den besonderen Kick sucht: Im Ort Boží Dar (Gottesgab) gibt es

INSIDER-TIPP
Schneedrachen zähmen

eine *Skischule (kites.cz)*, die sich auf Snowkiting spezialisiert hat und fünfstündige Kurse anbietet. Bei Kindern beliebt: Im *Sportzentrum Klínovec (sportklinovec.cz)* gibt es u.a. Bungee Running, im *Areál Plešivec (plesivec.eu)* bei Abertamy (Abertham) warten Attraktionen vom Kletterpark über die Riesenschaukel bis zum Bungee-Trampolin.

Großartig ist eine Bahnfahrt über eine historische Bergtrasse voller Tunnel und Talbrücken – ein Bummelzug fährt von Karlsbad nach Johanngeorgenstadt auf deutscher Seite. Der lohnendste Abschnitt liegt zwischen Nejdek (Neudek) und Potůčky (Breitenbach). *D–F 2–3*

MARIÁNSKÉ LÁZNĚ (MARIENBAD)

D4 **„Kaisergelb" nennen die Einwohner die satte Farbe, die viele Fassaden der ★ Stadt zeigen.**

Farbenfroh, glänzend, glamourös – so präsentiert sich heute der Kurort, der früher viele Prominente aus aller Welt beherbergt hat – bis hin zum österreichischen Kaiser. Dabei reicht die Geschichte Marienbads (14 000 Ew.) nur bis zum Jahr 1808 zurück, zuvor war anstelle einer Siedlung Wald. Die leicht geschwungene Kolonnade bildet das Herz der Kurstadt, in direkter Nähe findest du die Kurparks, die schönsten Spazierwege und die prächtigsten Hotels und Bäder.

SIGHTSEEING

KOLONÁDA

Die eiserne Konstruktion von 1888/89 ist mit Ornamenten im Stil der Neorenaissance verziert und Teil der Hauptpromenade. Im Sommer finden hier täglich die Kurkonzerte statt. An der nördlichen Seite schließt sich der klassizistische Kreuzbrunnen (Křížový pramen) an. Die Kolonnadendecke zeigt ein Fresko mit Motiven über die Sehnsucht der Menschen, fliegen zu können.

Wo in kaiserlichen Zeiten der Adel flanierte: Kolonnade in Marienbad

KURPARKS

Eine Kette gepflegter Parkanlagen durchzieht die Innenstadt. Besonders sehenswert ist der Skalník-Park (Skalníkovy sady). Dort sprudelt der ⚑ Singende Brunnen mehrmals täglich zum Rhythmus der Musik. Weiter südlich liegt der Park an der Alexandraquelle, der in den Park an der Ferdinandsquelle übergeht.

SPAZIERWEGE

Rings um das Zentrum verlaufen Waldwege, die zu spektakulären Aussichtspunkten, z. B. zur Neuen Aussicht (Nová Vyhlídka) im Osten führen, oder entlang zahlreicher Quellen vor allem in nördlicher Richtung.

ESSEN & TRINKEN

CLASSIC CAFÉ

Kaffeetrinken unter einer Stuckdecke – und die Küche ist vom Frühstück bis zum Abendessen immer geöffnet. *Tgl. | Hlavní 50 | Tel. 725 45 37 94 | classiccafe.cz | €€*

FILIP

Kleines Lokal mit tschechischer Küche. Bei Einheimischen beliebt, häufig voll. *Tgl. | Poštovní 96 | Tel. 354 62 61 61 | €*

VILLA PATRIOT

Das Restaurant ist das Herzstück des Hotels mit herrschaftlich-klassizistischer Fassade. Angenehmes, modernes Interieur, die Karte konzentriert sich auf wenige Gerichte von Wild bis Fisch. *Tgl. | Dusíkova 62 | Tel. 354673143 | villapatriot.cz | €€*

RUND UM MARIÁNSKÉ LÁZNĚ

6 KYNŽVART (KÖNIGSWART)

15 km/15 Min. von Mariánské Lázně (Auto)

Das ursprünglich barocke Schloss wurde 1820–33 im Auftrag von Fürst von Metternich im Empirestil umgebaut. Das Schloss mit Kanzlerarbeitszimmer, Waffensammlung, Bibliothek und Kuriositätenmuseum ist nur mit Führung zugänglich. Sehenswert ist auch der weitläufige Landschaftspark. *Öffnungszeiten variieren je nach Tour und Monat, s. Website zamek-kynzvart.eu | 45 Min. | D4*

7 CHODOVÁ PLANÁ (KUTTENPLAN)

8 km/10 Min. von Mariánské Lázně (Auto)

Eigentlich ein unspektakuläres Dorf, gäbe es nicht die Familie Plevka. Sie hat ihre kleine Brauerei Chodovar zum florierenden Unternehmen ausgebaut: mit Bierkuren beispielsweise. Außerdem gibt es täglich um 14 Uhr Führungen *(Pivovarská 107 | chodovar.cz)*, ein eigenes Hotel und eine in einen Felsen geschlagene *Kneipe (Ve Skále | tgl. | Pivovarská 107 | Tel. 374798122 | €-€€)*, wo früher die Bierfässer lagerten. *D4*

8 KLÁŠTER TEPLÁ (STIFT TEPL)

17 km/17 Min. von Mariánské Lázně (Auto)

Platz haben die Mönche im Überfluss: Vier von ihnen sind wieder zurück in dem Kloster, das einst für 140 von ihnen gebaut wurde. Die Armee missbrauchte die Anlage ab 1950 als Kaserne; heute sind vor allem die barocke Kirche und die spektakuläre Barockbibliothek wieder wundervoll renoviert. *Feb.–April, Okt.–Dez. Mo–Sa 9–15.30, So 11–15.30, Mai–Sept. Mo–Sa 9–17, So ab 11 Uhr | klastertepla.cz | 45 Min. | D4*

9 BEČOV NAD TEPLOU (PETSCHAU)

28 km/30 Min. von Mariánské Lázně (Auto)

Die Burg in Petschau ist mit ihrem kitschig-pastellfarben gestrichenen Palastgebäude eher ein Schloss mit trutziger Schutzmauer. Zu sehen sind der Reliquienschrein des heiligen Maurus, die Gemächer und Salons des *Schlosses (April, Okt. Sa/So 9–17, Mai, Juni Di–So 9–16, Juli, Aug. Di–So 9–17, Sept. Di–So 9–16, Okt. Sa, So 9–16 Uhr | zamek-becov.cz | 45 Min.). D4*

PLZEŇ (PILSEN)

E5 **Wer den Namen ★ Pilsen hört, denkt zuerst an gutes böhmisches Bier. Tatsächlich bildet die**

Strahlt auch bei Nacht: Pilsens zentraler Platz mit Kathedrale und goldenem Brunnen

Brauerei, in der 1842 das erste Bier nach Pilsner Brauart gebraut wurde, einen der unbestrittenen Höhepunkte eines Stadtrundgangs.

WOHIN ZUERST?

Náměstí Republiky: Von hier aus sind fast alle Sehenswürdigkeiten fußläufig erreichbar. Einen zentralen, bewachten Parkplatz findest du gleich neben der Neuen Synagoge auf dem Palacký-Platz *(Palackého náměstí)*, ab da gelangst du in drei Minuten zum zentralen Platz. Vom Hauptbahnhof aus führen die Straßenbahnlinien 1 und 2 zum Náměstí Republiky; zu Fuß sind es etwa 15 Minuten.

In Nordböhmens Hauptstadt mit ihren 163 000 Ew. spielt sich auch dank der Studenten reges Leben ab. Ins Ortsbild haben sich die Jahre des Kommunismus und der langen Vorherrschaft der Schwerindustrie unverkennbar eingebrannt. Die hässlichen Betonklötze sind nicht zu übersehen. Der engere Innenstadtkern aber ist von solchen Bausünden verschont geblieben.

SIGHTSEEING

NÁMĚSTÍ REPUBLIKY (PLATZ DER REPUBLIK)

Barock- und Renaissancehäuser umstehen den zentralen Platz. Neben der Pestsäule von 1681 und dem prächtigsten Bau, dem Rathaus, ist hier die

St.-Bartholomäus-Kathedrale die Dominante: Die Skulpturen im Innenraum stammen teilweise noch aus dem 14. Jh. und strahlen eine ganz besondere Würde aus. Vom Kirchturm hast du den besten Blick über die Altstadt.

MUZEUM LOUTEK

Tschechien hat eine lange Marionetten-Tradition – seit jeher werden hier die kunstvollsten Puppen gefertigt, und seit jeher gibt es talentierte Marionetten-Spieler. Dieser Kunst ist in Pilsen ein ganzes Museum gewidmet, das nicht nur Kinder anspricht. *Di–So 10–18 Uhr | Nám. Republiky 23 | muzeumloutek.cz*

SYNAGOGEN

Die 2022 frisch renovierte, im maurisch-romanischen Stil gehaltene *Große Synagoge (Velká synagoga | Sady Pětatřicátníků 7)* von 1892 ist nach jenen in New York und Budapest die drittgrößte der Welt. Offizielle Öffnungszeiten gibt es noch nicht. Sie werden auf *zoplzen.cz* bekanntgegeben. Die *Alte Synagoge (April–Okt. So–Fr 10–17 Uhr | Stará synagoga | Smetanovy sady 5)* liegt versteckt in einem Innenhof. Sie wird heute von der Gemeinde genutzt, die nach der Ermordung der meisten ihrer Mitglieder im Zweiten Weltkrieg nur noch gut 100 Mitglieder zählt. *zoplzen.cz*

ZÁPADOČESKÁ GALERIE (WESTBÖHMISCHE GALERIE)

Die renommierte Einrichtung betreibt zwei benachbarte Museumsgebäude, in denen sie wechselnde Ausstellungen zeigt (Pražská 13 und Pražská 18). Lohnend sind aber allein schon die beiden historischen Gebäude, die kunstvoll renoviert und in Szene gesetzt wurden. *Di–So 10–18 Uhr | zpc-galerie.cz*

PLZENSKÝ PRAZDROJ (PILSNER URQUELL)

Natürlich sind die Touren durch die Brauerei und das Museum eine riesige Werbeshow für das Pilsener Bier – aber sie sind gut gemacht, da stimmen auch diejenigen zu, die sonst nicht für Bier zu haben sind. Vom Museum aus starten auch Führungen in die mittelalterlichen Katakomben der Stadt. *Besucherzentrum tgl. 10–18 Uhr. Die aktuellen Startzeiten von deutschsprachigen Führungen variieren, du findest sie auf der Website | U Prazdroje 7 | prazdrojvisit.cz*

DEPO2015

Früher kam kaum jemand freiwillig: Da war das Areal noch ein Depot für die Linienbusse. Gearbeitet wird hier immer noch, aber ganz anders: Kreative haben hier ihre Ateliers – und eine Galerie mit häufig wechselnden Ausstellungen und angeschlossenem Café. Ein besonderer Knaller ist der Indoor-Kinderspielplatz mit Gokarts und pfiffig gebauten Klettertürmen. Von 8 bis 18 Uhr ist hier was los, bei Veranstaltungen auch länger. *Presslova 14 | depo2015.cz*

INSIDER-TIPP
Kunst mit Industriecharme

LOOSOVY INTERIÉRY

Für Architekturfans ein Muss: Der weltberühmte Architekt Adolf Loos

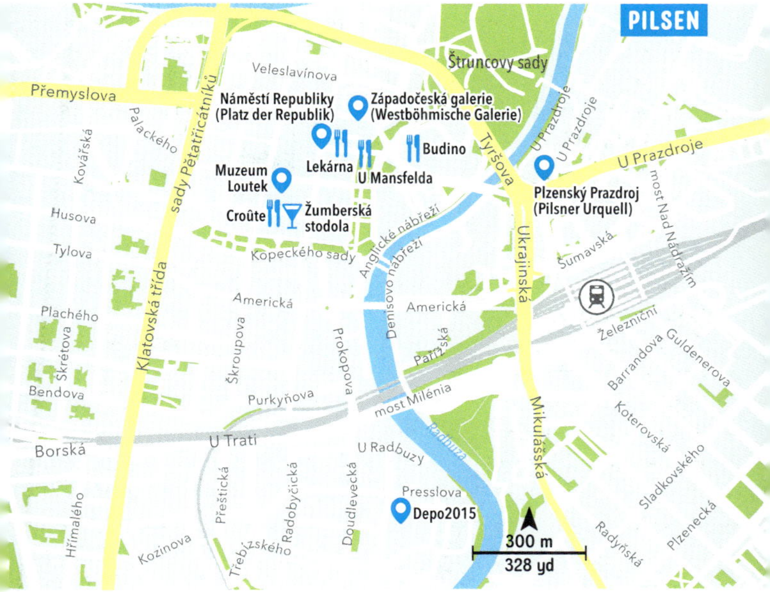

hat in Pilsen mehrere großbürgerliche Industriellen-Wohnungen gestaltet. Nachdem sie fast in Vergessenheit geraten sind, wurden sie jetzt renoviert – und sind an Wochenenden zugänglich. Unbedingt Tickets reservieren! Infos zu den verschiedenen Orten und Zeiten unter *adolfloosplzen.cz*

ESSEN & TRINKEN

CROÛTE

Diese Bäckerei würde man eher in Frankreich vermuten. Wenn du der Versuchung widerstehen willst, musst du einen weiten Bogen um den Laden machen – sonst lockt dich allein schon der Duft ins Innere. „Die besten Croissants außerhalb Frankreichs", so schwärmen einige Fans. Prüf nach, ob sie recht haben! *Mo–Fr 7–17 Uhr | Bezručova 16 | croute.cz*

INSIDER-TIPP
Dufter Snack

U MANSFELDA

Klassische böhmische Küche und gepflegtes Bier. Wer's rustikaler mag, geht in den urigen Kellerraum mit Gewölbedecken. *Tgl. | Dřevěná 9 | Tel. 3 77 33 38 44 | umansfelda.cz | €*

BUDINO

Eines der angesagtesten italienischen Restaurants der Stadt. Junges Team, innovative Speisekarte. Eine der Spezialitäten des Hauses sind Kochkurse für interessierte Gäste, die immer sonntags stattfinden. *Mo–Sa | Pallova 6 | Tel. 7 76 35 14 26 | budino.cz | €€*

Echtes Pilsener: das U Salzmannu

LEKÁRNA
Moderne Interpretation der guten alten Kneipe. Viel Bier und gemütliche Tische im schattigen Innenhof. *Tgl. | Nám. Republiky 9 | Tel. 7 35 12 36 48 | hospodskalekarna.cz | €*

AUSGEHEN & FEIERN

In Pilsen musst du den Tag einfach in einer echten *pivnice,* einer Bierschenke, ausklingen lassen. Rund um den Hauptplatz gibt es etliche davon. Die älteste der Stadt ist das *U Salzmannu (tgl. | Pražská 8 | usalzmannu.com).*

ŽUMBERSKÁ STODOLA
Nicht nur bei Studenten beliebter Club nahe der Innenstadt. Bekannt vor allem für die guten Cocktails. *Mo–Sa | Bezručova 14 | zumberskastodola.cz*

SPORT & SPASS

TECHMANIA
Das Science-Center ist ein Experimentierspielplatz für Kinder und Jugendliche: Naturwissenschaft und Technik zum Anfassen. *Do, Fr 8.30–17, Sa, So 10–18 Uhr | U Planetária 1 | techmania.cz*

LITOMĚŘICE (LEITMERITZ)

G2 **Die Stadt, sagt man in Tschechien, habe fast so viele Kirchen wie Einwohner.**

Angesichts der 26 000 Bürger stimmt der Vergleich zwar nicht ganz, aber die Vielzahl der Gotteshäuser fällt dennoch ins Auge. Seit 1655 ist Litoměřice Bischofssitz, und der Klerus hat das Stadtbild entscheidend geprägt. Dank der hügeligen Lage hast du bei einem Rundgang immer wieder neue und überraschende Blicke auf die Stadt.

SIGHTSEEING

MÍROVÉ NÁMĚSTÍ (FRIEDENSPLATZ)
Gotik und Renaissance prägen den schönen, zentralen Platz. Besonders drei Renaissancehäuser stechen hervor: Das Haus Zum Kelch (Nr. 15), das Haus Zum Schwarzen Adler (Nr. 4) und

das Rathaus (Nr. 40). Hier ist der Ausgangspunkt für Streifzüge durch die hübschen und gut erhaltenen Seitengassen.

RADNIČNÍ SKLÍPEK

Aus dieser Kneipe kommt man nicht so leicht wieder raus: Eine Treppe führt hinunter in das Tunnel- und Kellersystem, das sämtliche Häuser rund um den Marktplatz verbindet. Damit sich auch nach einem Bier niemand verläuft, gibt es 20-minütige Führungen, organisiert in der Kneipe. *Tgl. | Mírové nám. 21 | Tel. 731422013 | radnicni-sklipek.cz | €*

MUSEEN

Wenn schon katholisch, dann richtig: Beim Abstecher ins *Museum der Diözese (Juni–Sept. tgl. 10–18, Okt.–Mai Mi–So 10–17 Uhr | Mírové nám. 24 | galerie-ltm.cz)* voller sakraler Kunst kommst du in Stimmung für die kirchlich geprägte Stadt. Weniger heilig, aber mindestens genauso sehenswert ist die *Nordböhmische Galerie (Öffnungszeiten s. Museum oben | Michalská 7| galerie-ltm.cz)* mit ihrem Schwerpunkt auf Kunst aus der Region.

KATEDRÁLA SV. ŠTĚPÁNA (ST.-STEPHANS-DOM)

Der Dom aus dem 17. Jh. steht etwas abseits auf dem Domhügel. Von hier kannst du entlang der alten Befestigungsanlage zu den anderen Kirchen spazieren; allen voran die Jesuitenkirche (Maria-Verkündigungs-Kirche/ Kostel Zvěstování P. Marie). Sie wurde zwischendurch als Lager missbraucht und ist heute Ausstellungssaal.

ESSEN & TRINKEN

KAFE DOMA

Schon die Terrasse ist mit ihren schattenspendenden Bäumen und den Kieswegen eine Wucht. Quesadillas, Halumi und Tofu stehen auf der Speisekarte – alles, nur keine böhmischen Knödel. *Mo–Sa 7.30–19.30 Uhr | Mírové nám. 30 | Tel. 416732007 | kafedoma.cz | €*

KÁVA S PAROU

Früher Wartehalle, jetzt Café – und immer noch gedrängt voll: Seit ein privater Besitzer den alten Bahnhof aufgemöbelt hat, stehen die Leute Schlange für die besten Torten der Stadt. Toll nicht nur für Kinder ist die riesige Modelleisenbahnanlage im Garten, bei der sich die Züge zwischen Repliken von örtlichen Häusern hindurchschlängeln. *Tgl. 10–20 Uhr | Jarošova 32 | Tel. 602416134 | kavasparou.cz | €*

INSIDER-TIPP
Volldampf statt Kohldampf

SPORT & SPASS

DÍLNA RUČNÍHO PAPÍRU

Mit der Hand durch die feuchte Papiermasse fahren, eigene Papierbögen schöpfen – das alles geht in der Papiermanufaktur. Betrieben wird sie von Enthusiasten. Die Öffnungszeiten variieren stark; am besten vorher anrufen. *Velká Dominikánská 33 | Tel. 724092279 | rucnipapir.com*

RUND UM LITOMĚŘICE

10 ROUDNICE

20 km/20 Min. von Litoměřice (Auto)

Das würde niemand in der kleinen Stadt erwarten: Ihre *Kunstgalerie (Di–So 10–17 Uhr | Očkova 5 | galerieroud nice.cz)* im Schatten des imposanten Schlosses bringt regelmäßig sehenswerte Ausstellungen über zeitgenössische Kunst im Land – trotz ihrer überschaubaren Größe. Wenn du Koffein brauchst: Kaffee und vor allem traumhafte Torten gibt es im *Café Dortletka (tgl. | Husovo nám. 48 | dortletka.cz | €).* G3

11 TEREZÍN (THERESIENSTADT) ★

3 km/5 Min. von Litoměřice (Auto)

Eine Stadt umgeben von massiven Mauern und Hunderte Meter langen Kasernen. Sie entstand im 18. Jh., als Kaiserin Maria Theresia sie als Bollwerk gegen die Preußen erbauen ließ. Ihre Geschichte ist untrennbar mit Nazideutschland verbunden, als hier ein Konzentrationslager und ein jüdisches Ghetto eingerichtet waren. Mehr als 30 000 Menschen wurden hier ermordet, etwa 90 000 weiter in andere Vernichtungslager deportiert. Den Schrecken des Regimes vermitteln eindrücklich zwei Museen: die *Gedenkstätte (Nov.–März tgl. 8–16.30, April–Okt. tgl. 8–18 Uhr | Principova alej 304 | pamatnik-terezin.cz)* und das *Ghetto-Museum (Nov.–März tgl. 9–17.30, April–Okt. tgl. 9–18 Uhr | Máchova 178).* G2

12 FARMA ZABABEČ

14 km/21 Min. von Litoměřice (Auto)

Der Bauernhof Zababeč in einem kleinen Dorf ist ganz auf Pferde spezialisiert. Von geführten Ausritten für Kinder bis zu einwöchigen Pferdeausflügen für Fortgeschrittene gibt es hier zahlreiche Angebote. *Třebušín 143 | farmazababec.cz |* G2

LIBEREC (REICHENBERG)

J2 **Selbstbewusst waren sie, die Bewohner von Liberec: Mit Wien, der Hauptstadt der damaligen Monarchie, wollten sie konkurrieren in Sachen Pracht und Luxus.**

Der Stadt ist der einstige Wohlstand auf Schritt und Tritt anzusehen: Die Textilfabrikanten, die Liberec im 19. Jh. zu einer der reichsten Städte der Monarchie machten, setzten sich mit Villen, Museen und Akademien architektonische Denkmäler. Heute ist die Universitätsstadt (104 000 Ew) am Fuß des Isergebirges als Wintersport-Standort beliebt und auch im Sommer ein guter Ausgangspunkt für Wanderungen bis ins Lausitzer Gebirge.

SIGHTSEEING

BENEŠOVO NÁMĚSTÍ & RATHAUS

Cafés stellen ihre Tische auf, hier münden die Einkaufsstraßen. Mit dem Rathaus im Neorenaissancestil (1893) wollten die Bürger ihren Reichtum demonstrieren – das ist ihnen gelungen. Der Entwurf stammt von Franz Ritter von Neumann, der auch das Wiener Rathaus gebaut hat.

WALLENSTEINHÄUSER

Die kunstvoll geschmückten Fachwerkgebäude an der Větrná-Straße wurden 1678 erbaut und von Tuchmachern bewohnt. Sie sind die ältesten Häuser der Stadt.

KNIHOVNA (BIBLIOTHEK)

Architekturfans pilgern in die Rumjancevova 1. Das Gebäude ist preisgekrönt, geplant als „Bau der Versöhnung" mit den Deutschen. Es steht an der Stelle der in der Reichspogromnacht abgebrannten Synagoge, darin: eine kleine Neubau-Synagoge. *kvkli.cz*

OBLASTNI GALERIE (REGIONALE KUNSTGALERIE)

Hier sollen Bilder hängen? Auf den ersten Blick ist es ein prachtvolles Jugendstil-Hallenbad, auf den zweiten Blick merkst du: Es ist umgebaut zu einer Galerie. Am eindrucksvollsten ist der alte Badesaal im Erdgeschoss: Das einstige Schwimmbecken ist mit leuchtenden Glasplatten bedeckt, ringsum moderne Kunst. *Di–So 10–17 Uhr, Do bis 19 Uhr, Do freier Eintritt | Masarykova 14 | ogl.cz*

INSIDER-TIPP
Gucken statt planschen

VILLEN

Selten ist Reichtum so sichtbar wie hier – die Villen der Fabrikanten gleichen oft kleinen Schlösschen, gestaltet in unterschiedlichen Baustilen. Ei-

Transparenz und Offenheit auf allen Ebenen soll die Bibliothek von Liberec vermitteln

Über das Prebischtor in der Böhmischen Schweiz spannt sich eine Brücke aus Sandstein

nen Eindruck bekommst du, wenn du die Straßen 5. kvetna und Masarykova entlangspazierst. Auch wenn die Villen nur von außen zu besichtigen sind, vermitteln sie eine Idee der Wohnkultur von damals. Das eindrucksvollste Eigenheim steht an der Jablonecká.

ESSEN & TRINKEN

RADNIČNÝ SKLÍPEK
Im Keller tief unter dem Rathaus findest du eine modern interpretierte Kneipe mit gutem Essen. Kinder begeistern sich für die einen halben Meter lange Bratwurst im Baguette – und schaffen erstaunliche Mengen davon … *Tgl.* | *Nám. Dr. E. Beneše 1* | *Tel. 6 02 60 22 60* | *sklipekliberec.cz* | *€*

CHICAGO GRILL
Zweifelsfrei das stylishste Interieur von allen Restaurants der Stadt und die saftigsten Burger – ein Kurztrip direkt nach Amerika. *Tgl.* | *Dr. Milady Horákové 1* | *Tel. 4 84 80 00 80* | *chicago-grill.cz* | *€–€€*

DOMOV
INSIDER-TIPP **Authentische Küche**

Der Name ist Programm: „Heimat" heißt das Restaurant übersetzt, das ein paar Kilometer außerhalb liegt – tatsächlich ländlich gelegen und vor allem: mit traditionellen tschechischen Gerichten, für die viele Gäste auch von weit her anreisen. *Tgl.* | *Ještědská 149* | *Tel. 7 28 97 59 50* | *hospoda-domov.cz* | *€€*

JITRAVA
20 km nordwestlich liegt dieses Landhotel mit ausgezeichneter Küche, in der man sich auf regionale Gerichte rückbesinnt. Großer Kinderspielplatz im geschützten Garten. *Tgl.* | *Ji-*

trava 70 | Jitrava | Tel. 485 17 21 05 | jitrava.cz | €€

SPORT & SPASS

BABYLON

Hier gibt's alles, was Spaß macht, in einem Gebäudekomplex: Vom Spaßbad über einen Science-Park für Kinder bis hin zu einem Parcours für Laser-Schützen. *Tgl. 10–20 Uhr | Nitranská 1 | centrumbabylon.cz*

AUSGEHEN & FEIERN

TOP STAR CLUB

Drei Stockwerke Nachtleben, der größte Club der Stadt. *Fr, Sa ab 20 Uhr | Mariánské 587 | topstarclub.cz*

BUNKR

Die älteste Disko in Liberec, Spezialität: Rock. Die Bar ist ganzjährig geöffnet, der Club macht Sommerpause. *Fr/Sa 20–3 Uhr, Konzerte meist 20–22 Uhr | Tržní nám. | bunkrliberec.cz*

RUND UM LIBEREC

13 ČESKÉ ŠVÝCARSKO (BÖHMISCHE SCHWEIZ)

60 km/50 Min. von Liberec bis Krásna Lípa (Auto)

Hier tauchst du in eine andere Welt ein: Die Sandsteinfelsen bilden Nadeln, eine Brücke und bizarre Figuren – ein wundersames Naturkabinett ist es, das sich im Nationalpark Böhmische Schweiz (grenzübergreifend verbunden mit dem Nationalpark Sächsische Schweiz) vor Wanderern erstreckt. Das Prebischtor (Pravčická braná) ist die wichtigste Sehenswürdigkeit – allerdings an Wochenenden hoffnungslos überlaufen. Gute und weniger volle Ausgangspunkte sind die sehenswerten Orte Chřibská und Doubice. Wenige Kilometer von Chřibská entfernt auf dem Weg zum Prebischtor solltest du im Örtchen Růžová deiner Nase folgen und die bekannte Seifenmanufaktur *Rubens (Růžová 195 | mydlarnarubens.cz)* mitsamt Geschäft und Mitmach-Werkstatt besuchen.

Eine schöne, nicht allzu anstrengende Tour führt dich auf den gut ausgeschilderten Felsenpfad Kyjovská skalní stežka zwischen Doubice und Kyjov. Der ausgeschilderte Weg von Kyjov zum deutsch-tschechischen Grenzübergang Zadni Doubice ist selbst für

Kinderwagen problemlos befahrbar und führt durch spektakuläre Riesenfelsen.
Wenn du Kraft tanken willst nach einer Wanderung, geh ins Restaurant *Na Stodolci (im Sommer tgl. | Dolní Chřibská 40 | Tel. 412381028 | nastodolci.cz | €€)* – und abends gibt's das beste Bier weit und breit in der Brauerei *Falkenstejn (tgl. | Křinické náměstí 7, Krásná Lípa | pivofalkenstejn.cz | €-€€)*. Das sehr hilfreiche *Infozentrum (Křinické nám. 10 | Tel. 775552789 | ceskesvycarsko.cz)* samt Nationalparkmuseum liegt auch in Krásná Lípa. *G1*

INSIDER-TIPP
Abhängen am Zapfhahn

14 JEŠTĚD

7 km/15 Min. von Liberec (Straßenbahn)

„Kommunistischer Futurismus" könnte man den Stil des Funkturms benennen: Raketenförmig thront er auf dem Hausberg (1012 m) – und sieht auch innen so sozialistisch aus, dass er dadurch zum Hotspot geworden ist. Das Restaurant *(tgl. | Horní Hanychov 153 | Tel. 731658045 | jested.cz | €€-€€€)* bietet tolle Rundumblicke (mit Hotel, 17 Zi. und 2 App). *H-J2*

15 ČESKÝ RÁJ (BÖHMISCHES PARADIES) ★

45 km/43 Min. von Liberec bis zu den Prachower Felsen (Auto)

Die berühmtesten tschechischen Sandsteinfelsen machen ihrem Namen alle Ehre: Steile Felsnadeln gruppieren sich zu bizarren Formationen, die mitunter sprechende Namen wie Drachenfelsen (Dračí skály) oder Leuchtturm (Maják) tragen. Gute Startpunkte für Wanderungen (s. Erlebnistour 3 S. 127) sind die Prachower Felsen (Prachovské skály) bei Jičín (Jitschin) oder das Schloss Hrubá Skála mit der gleichnamigen Felsenstadt. Der Ausblick ist unvergleichlich und in der Nähe des Schlosses zudem kostenlos. *Infos: Tel. 481540253 | cesky-raj.info | J2-3*

16 KRKONOŠE (RIESENGEBIRGE) ★

100 km/1 Std. 45 Min. von Liberec bis Pec pod Sněžkou (Auto)

Der buchstäbliche Höhepunkt des Riesengebirges ist die Schneekoppe (Sněžka), der mit 1602 m höchste Gipfel in Tschechien. Bester Ausgangspunkt für Wanderungen, nicht nur auf diesen Gipfel, ist Pec pod Sněžkou (Petzer). Eine ganze Spielelandschaft steht im benachbarten Velká Upa nahe der Bergstation der Seilbahn Portášky.
Zu den großen Touristenorten zählen vor allem Spindlermühle (Špindlerův Mlýn), das wegen seiner vielen Skipisten und der großen Dichte an urlaubenden tschechischen Prominenten als „böhmisches St. Moritz" bezeichnet wird, und das weniger mondäne Harrachov (Harrachsdorf). In Spindlermühle gibt es einen Verleih für u.a. Elektro-Mountainbikes *(snowwolves.cz)*. Dort kennt man sich auch gut mit den besten Touren für Einsteiger aus. Ein spektakulärer Holzsteg durch ein Hochmoor – das perfekte Wander-Selfie findest du auf der Elbwiese (Labská louka) ca. 10 km nördlich der Stadt. Von hier ist es nicht weit zur offiziell

gültigen Elbquelle, wobei der spätere Fluss eigentlich mehreren Quellen entspringt.

Ein wunderbares Basislager bietet im höchstgelegenen Ort des tschechischen Teils des Riesengebirges die Brauerei *Trautenberk (tgl. | Horní Malá Úpa 87, Malá Úpa | Tel. 733746444 | pivovartrautenberk.cz | €)*. In einem unscheinbaren Gebäude vereint sie moderne Kneipe und stylisch-minimalistische Wanderunterkunft – und führt natürlich vier eigene Biersorten am Zapfhahn. Am besten ist das halbdunkle Bier.

Ein unterschätzter Ort ist Žacléř (Schatzlar) an den östlichen Ausläufern des Riesengebirges: Von hier aus führt eine herrliche Wanderung mit Panoramablicken über Vizov zur Berghütte Rýchorská bouda – die sechs Kilometer (einfache Strecke) sind problemlos in 2,5 Stunden zu schaffen. *J–K2*

INSIDER-TIPP
Schwitzen mit Ausblick

An der Schneekoppe liegen die schneesichersten Skipisten Tschechiens

HRADEC KRÁLOVÉ (KÖNIGGRÄTZ)

K3 **Die ★ Studentenstadt (95 000 Ew.) im Osten Böhmens ist zweigeteilt: Im Zentrum mit dem befestigten Altstadtplatz (Velké náměstí) reist du ein paar Jahrhunderte in die Vergangenheit, hinein in die barocke und gotische Epoche – und auf der anderen Seite der Elbe stehen die Paradebauten der tschechoslowakischen Moderne.**

Zu Beginn des 20. Jhs. waren hier einige der besten Architekten des tschechischen Funktionalismus, unter ihnen Jan Kotěra und Josef Gočar, tätig und haben Bauwerke hinterlassen, die bis heute die Bewunderung nicht nur der Fachwelt genießen. Historisch ist die Stadt vor allem wegen der Schlacht von Königgrätz berühmt, in der die Preußen 1866 die Heere Österreichs und Sachsens schlugen.

SIGHTSEEING

VELKÉ NÁMĚSTÍ (GROSSER PLATZ)

Zu allererst solltest du auf den Weißen Turm (Bílá vez) steigen, der gleich neben der Heilig-Geist-Kirche steht:

Dann liegt dir das Zentrum mit seinen idyllisch wirkenden Arkadengängen zu Füßen. Wenn du wieder unten bist, wirf noch einen Blick in das mächtige Schiff der Jesuitenkirche und das Rathaus mit den beiden Türmen!

GALERIE MODERNÍHO UMĚNÍ (GALERIE DER MODERNEN KUNST) ☂

Dieses Museum versetzt dich in die Phase der Neuen Moderne zu Beginn des 20. Jhs. Aus dieser Zeit stammen das Gebäude am Hauptplatz – das für sich genommen schon einen Besuch wert ist – wie auch viele der auf fünf Stockwerken ausgestellten Kunstwerke. Erkennst du im Lichthof unter dem Glasdach die Belüftungsanlage? Der Maler Aleš Lamr hat die gewaltigen Röhren in ein buntes Kunstwerk verwandelt. *Di, Mi, Fr–So 10–18, So 12–20 Uhr | Velké nám. 140 | galeriehk.cz*

ULRICHOVO NÁMĚSTÍ (ULRICHSPLATZ)

Wie ein Freilichtmuseum der architektonischen Moderne zu Beginn des 20. Jhs.: In der Neustadt steht rund um den Ulrichsplatz ein Paradebau neben dem nächsten: ein Schulkomplex *(V Lipkách)*, ein Parkhaus *(Průmyslova)* von 1933, eine dreieckige Kirche *(Ecke Nerudova/V Lipkách)*. Ihr Kennzeichen ist das schlichte, minimalistische Design, das noch immer modern wirkt.

ESSEN & TRINKEN

CAFÉ NA KOLE

Im Café, das ein Fahrrad zum Wahrzeichen erkoren hat, arbeitet der Barista mit Bohnen aus den besten Röstereien. Coole Musik. *Tgl. | Velké nám. 24 | Tel. 4 95 45 84 60 | cafenakole.cz | €*

BISTRO

Innerhalb kürzester Zeit hat sich dieses Bistro zum Treffpunkt der örtlichen Hipster entwickelt – mit einfallsreichem Essen und einer wunderbaren Kulisse für einen entspannten Samstags-Brunch mit pochierten Eiern und Trüffelbutter. *Tgl. | Bidlova 18 | Tel. 7 73 83 41 23 | tojebistro.cz | €€)*

INSIDER-TIPP **Schlemmerfrühstück**

ŠATLAVA

Das erste Haus am Platz: keine Haute Cuisine, aber phantasievoll-bodenständiges Essen. Unbedingt reservieren – am besten im Wintergarten mit einmaligem Blick über die Stadtbefestigung. Im Sommer schöne Terrasse. *Di–So | Dlouhá 101 | Tel. 7 76 81 78 56 | restauracesatlava.cz | €€–€€€*

RUND UM HRADEC KRÁLOVÉ

17 PARDUBICE (PARDUBITZ)

25 km/20 Min. von Hradec Kralové per Bahn

Die Sgraffito-Fassaden am Hauptplatz und das Schloss mit seinem Park lohnen allein schon den Besuch dieser Studentenstadt. Wenn du schon hier bist: Kauf' einen Lebkuchen, der gilt hier als ganzjährige Spezialität (erhält-

Hier wurde schon im 18 Jh. Medizin zubereitet: die barocke Apotheke in Kuks

ich unter anderem in riesiger Auswahl gleich am Hauptbahnhof). Schau an der alten Mühle am Ufer der Chrudimka vorbei – die verwandeln junge Enthusiasten gerade in ein Kulturzentrum. Unbestrittenes Highlight: die Konditorei *Epifany (tgl. | Mezi Mosty 436 | epifany-patisserie.cz).* Im Restaurant *U Dvou Kohoutků (So geschl. | Smilova 364 | Tel. 6 06 04 50 35 | udvoukohoutku.cz | €–€€)* ist gehobene Küche angesagt. Der Schwerpunkt liegt bei Fischgerichten. Im Sommer ist die Terrasse im Innenhof geöffnet. *K4*

SIDER-TIPP
Abhängen am Fluss

18 KUKS (KUKUS)

30 km/30 Min. von Hradec Králové (Auto)

Ein wenig makaber mutet der Plan des Grafen Sporck doch an: Zu Beginn des 18. Jhs. versinnbildlichte er in Kuks den Lebenszyklus – mit einem Kurbad als Symbol für das Leben, einem Hospital als Zeichen des Siechtums und schließlich einem Friedhof. So war die barocke Wahrnehmung, wo Leben und Tod eng beieinander lagen. Heute ist die Anlage ein großartiges Zeugnis der Barockarchitektur – inklusive sehr sehenswerter *Barock-Apotheke (April–Juni, Sept., Okt. Di–So 9–17, Juli, Aug. tgl. 9–17 Uhr, Hospitalgebäude nur mit Führung | hospital-kuks.cz | 30–60 Min).* Am besten startest du die Besichtigung ca. 3 km entfernt am Braunův Betlem. Auf den ersten Blick wirkt es wie ein unscheinbares Waldstück – in ihm allerdings hat der Bildhauer Matthias Bernhard Braun in der Barockzeit Skulpturen direkt in Steine und Felsen geschaffen. Die Kunstwerke liegen direkt auf dem Fußweg nach Kuks. *K3*

19 NOVÉ MĚSTO NAD METUJÍ (NEUSTADT AN DER METTAU)

30 km/30 Min. von Hradec Králové (Auto)

Hübsches geschichtsträchtiges Städtchen (10 000 Ew.) mit eindrucksvollem Schloss und Schlosspark. In ihm mischt sich barocke Gartenbaukunst mit historischer Volksarchitektur. Im Ort findest du mehrere Kanuverleiher für einen Paddelausflug auf der Mettau. Und wenn du Uhrenfan bist, dann schau mal vorbei im Werksverkauf der Uhrenmanufaktur *Prim* *(Náchodská 2105 | prim.cz)*, deren Geschichte bis weit in die Zeit der Tschechoslowakei zurückreicht – die Uhren sind nicht billig, aber allemal sehenswert. *L3*

INSIDER-TIPP
Tickende Zeitreise

20 KLÁŠTER BROUMOV (KLOSTER BRAUNAU)

72 km/1 Std. 25 Min. von Hradec Králové (Auto)

Engagierte Bürger haben die spektakuläre Klosteranlage wieder zum Leben erweckt – Führungen gibt es, ein erstaunliches Kulturprogramm, ein wundervolles Café und pfiffige Unterkünfte. *klaster-broumov.cz*

Auf dem Weg solltest du an zwei Stellen Halt machen: bei der Marienkapelle (kaple Panny Marie Sněžné), die spektakulär in die Natur mit ihren Sandsteinfelsen und -treppen eingebettet ist (bester Zugang vom Ort Hlavnov aus). Und im Ort Police nad Metuji, wo die Firma *Merkur (tgl. 9–12 und 13–17 Uhr | Tyršova 341 | merkurpolice.cz)* ihr Wunderland aufgebaut hat – sie stellt Metallbaukästen her wie zu Großvaters Zeiten. Das Museum ist reichlich angestaubt, aber lohnend, genauso wie der Werksverkauf. *L2*

21 ADRŠPAŠSKÉ SKÁLY (ADERSBACHER FELSEN)

70 km/1 Std., 20 Min. von Hradec Králové (Auto)

Die Reste eines erodierten Sandsteinplateaus bilden mit der Stadt Adršpach eine regelrechte Felsenstadt. Infozentrum: *Dolni Adršpach | Dolní Adršpach 26 | skalyadrspach.cz | L2*

LITOMYŠL (LEITOMISCHL)

L4 **Drei Wochen lang im Sommer ist ★ Litomyšl ganz offiziell der kulturelle Nabel Tschechiens.**

Dann locken die Smetana-Festspiele Künstler und Zuschauer aus aller Welt in den 10 000-Einwohner-Ort, in dem 1824 der Komponist Bedřich Smetana geboren wurde. Aber auch wenn gerade keine Festivalsaison ist, verzaubert die Stadt: Sie gilt mit ihrem Schloss und dem lang gestreckten Marktplatz als eine der bedeutendsten europäischen Renaissancestädte.

SIGHTSEEING

SMETANOVO NÁMĚSTÍ (SMETANA-PLATZ)

Das Arrangement der Häuser ringsum mit ihren Arkadengängen macht dem

Adersbacher Felsen: Man muss kein Kletterer sein, um sie beeindruckend zu finden

Komponisten alle Ehre. Jede Fassade ist ein Kunstwerk für sich.

KLÁŠTER

Das Kloster mit seiner markanten gerundeten Form ist ebenso wenig zugänglich wie die dazugehörige Piaristenkirche. Dafür bietet der Park einen unvergleichlichen Blick auf die Stadt. Seinen Mittelpunkt bildet ein künstlicher Wasserlauf mit einem Brunnen.

ZÁMEK

Kunsthistoriker staunen noch heute über die dreistöckigen Arkadengänge zu allen Seiten – das Renaissanceschloss aus dem 16. Jh. ist ein Wunderwerk der Baukunst. *Sehr unterschiedliche Öffnungszeiten. Erkundige dich vor dem Besuch auf der Website* | *zamek-litomysl.cz* | *25–60 Min.*

SIDER-TIPP **Kunstversteck**

Die wunderbare Ausstellung des renommierten Bildhauers Olbram Zoubek liegt leicht versteckt im Kellergewölbe *(April, Okt. Sa, So 10–16, Mai Di–So 10–16, Juni, Sept. Di–So 10–17, Juli, Aug. tgl. 10–17 Uhr)* des Schlosses. Mach dich anschließend auf ins Café im hintersten Eck des Burghofs mit herrlichen Panorama-Sitzplätzen und großem Kletterspielplatz.

ESSEN & TRINKEN

BOHÉM

Moderne tschechische Küche im Hotel Aplaus und ein Wintergarten mit Blick auf das Kloster. *Tgl.* | *Santovo nám. 181* | *Tel. 461614900* | *hotelaplaus.cz* | *€€€*

KAFEMYSL

Den besten Kaffee der Stadt kriegst du, wenn du dir hier einen Platz im Arkadengang sicherst – keine Touri-Falle, sondern das Projekt eines lokalen Kaffee-Enthusiasten. *Mo–Sa* | *Smetanovo nám. 100* | *Tel. 604745990* | *€–€€*

MITTELBÖHMEN

DIE GOLDENE STADT UND MÄRCHENHAFTE BURGE

Stell dir eine Landschaft vor mit von dichten Wäldern überzogenen Hügeln, von denen wehrhafte Burgen weit ins Land hineinschauen. In den Senken stehen herrschaftliche Schlösser inmitten kunstvoll angelegter Parks.

Von bewaldeten Schluchten im Westen, wo sich der Fluss Berounka (Beraun) seinen Weg gebahnt hat, reicht das Spektrum bis zum fruchtbaren Tiefland im Osten. Mittendurch fließt die Moldau, bis sie sich bei Mělnik mit der Elbe vereint.

Blick auf den Altstädter Ring in Prag

All das ist Mittelböhmen. Die Region, die sich ringförmig um Prag herum ausdehnt, ist durch die Nähe zur Hauptstadt die privilegierteste: Wirtschaftlich läuft es hier am besten – das spiegelt sich im Aussehen der Städte und Dörfer wider. Gut gepflegt sind die Parkanlagen und Gärten, die Fassaden und Dächer wurden in den vergangenen Jahren renoviert, alles strahlt und glänzt.

MITTELBÖHMEN

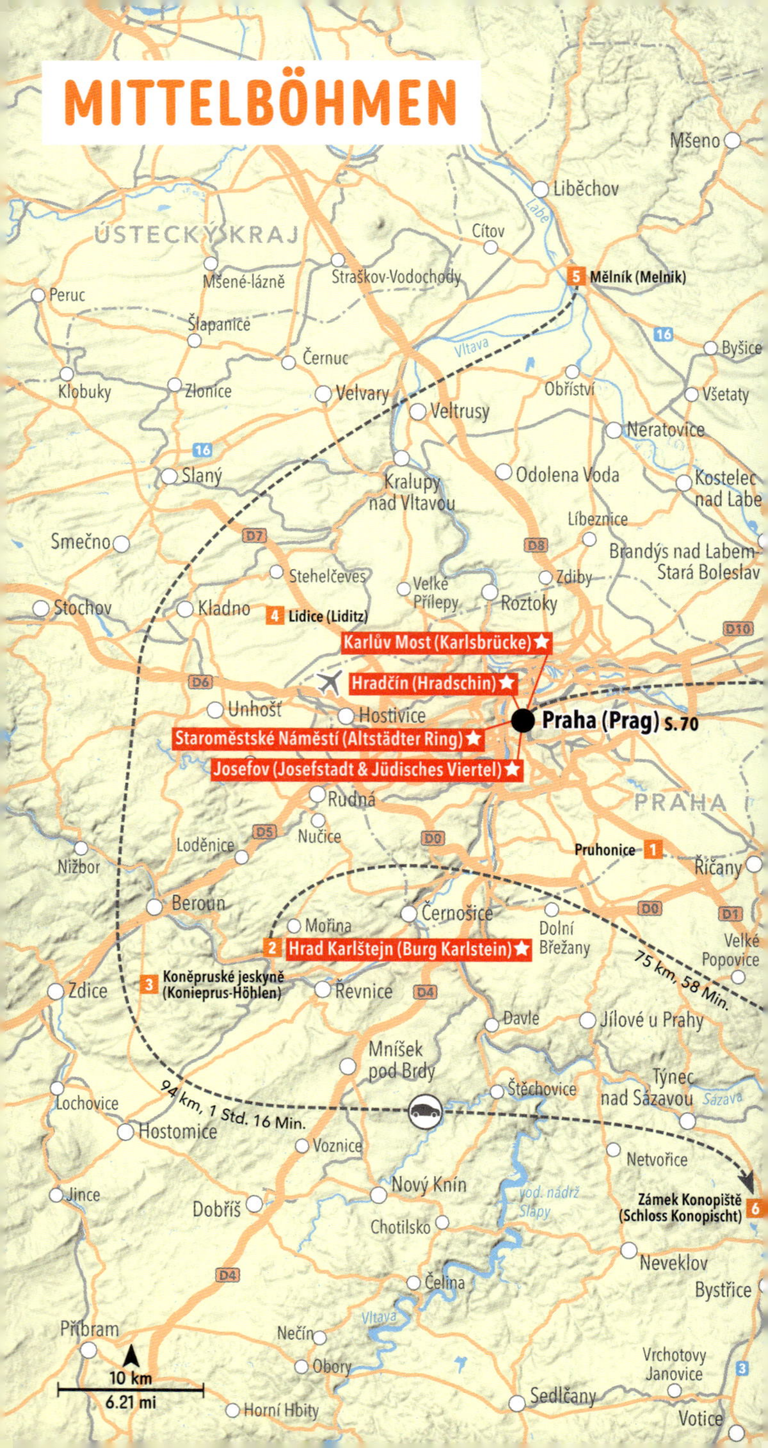

MARCO POLO HIGHLIGHTS

★ **JOSEFOV (JOSEFSTADT & JÜDISCHES VIERTEL**
Prager Stadtteil mit vielen Synagogen und dem alten jüdischen Friedhof ➤ S. 71

★ **STAROMĚSTSKÉ NÁMĚSTÍ (ALTSTÄDTER RING)**
Der zentrale Platz in Prag ist in seiner Pracht einer der schönsten Europas ➤ S. 70

★ **CHRÁM SV. BARBORY (ST.-BARBARA-KATHEDRALE)**
Spätgotischer Prachtbau der Superlative in Kutná Hora ➤ S. 78

★ **HRAD KARLŠTEJN (BURG KARLSTEIN)**
Mittelalterliche Burg mit einem phantastischen Blick ➤ S. 76

★ **KOSTNICE (BEINHAUS)**
In Kutná Hora sind Knochen zu Kunstwerken aufgeschichtet ➤ S. 78

★ **KARLŮV MOST (KARLSBRÜCKE)**
Die jahrhundertealte Brücke ist das Wahrzeichen von Prag ➤ S. 72

★ **HRADČÍN (HRADSCHIN)**
Der imposante Burgberg hoch über der Prager Kleinseite ➤ S. 72

PRAHA (PRAG)

G–H4 Als „Goldene Stadt" ist Prag weltbekannt. Gerühmt wird die tschechische Hauptstadt mit ihren 1,2 Mio. Einwohnern auch als „die Hunderttürmige".

Die imposantesten Paläste des Landes, kunstvoll verzierte Fassaden historischer Bürgerhäuser und prächtige Kirchen gleich im Dutzend finden sich im Zentrum der Stadt. Wenn du entlang des Königswegs vom Wenzelsplatz aus über die Karlsbrücke bis hinauf auf den Burgberg Hradschin flanierst, kannst du die berückende Schönheit der Stadt auf dich wirken lassen. Eine Stadtrundfahrt kannst du auch mit der Tram unternehmen: ☂ Die Linie 22 gondelt an vielen Sehenswürdigkeiten vobei. Ausführlich informiert dich der MARCO POLO Band „Prag".

WOHIN ZUERST?

Wenzelsplatz (*e4*): Vom Hauptbahnhof aus ist der Wenzelsplatz zu Fuß zu erreichen; in unmittelbarer Nachbarschaft liegen auch ein großes Parkhaus und ein kostenpflichtiger, offener Parkplatz (Zufahrt von der Straße *Wilsonova*). Am besten aber lässt du dein Auto am Hotel oder auf einem der ausgeschilderten Park-and-Ride-Plätze. Am Wenzelsplatz liegen die U-Bahn-Stationen *Muzeum* und *Můstek*.

SIGHTSEEING

VÁCLAVSKÉ NÁMĚSTÍ (WENZELSPLATZ)

Der Platz ist eigentlich ein lang gezogener Boulevard mit einem Grünstreifen in der Mitte und breiten Bürgersteigen zu beiden Seiten. Im Jahr 1968 haben hier Panzer des Warschauer Pakts die Demonstrationen für eine liberale Auslegung des Kommunismus niedergeschlagen, auch die Massenproteste 1989 nahmen hier ihren Ausgang. Das markanteste Bauwerk ist das Nationalmuseum am oberen Ende, von dessen Eingang aus du den besten Blick über das Treiben auf dem Boulevard hast, und auf das Reiterstandbild des heiligen Wenzel, des Namenspatrons. Sehenswert ist auch die Lucerna-Passage im Secessionsstil (an der Straßenbahnhaltestelle Můstek) mit Theater, Café, Kino und Geschäften. *e4*

STAROMĚSTSKÉ NÁMĚSTÍ (ALTSTÄDTER RING) ★

Hier kristallisiert sich die ganze Pracht der Hauptstadt: Die Dominanten sind das Altstädter Rathaus mit der berühmten astronomischen Uhr und den auftretenden zwölf Aposteln (von 1410) und dem begehbaren Aussichtsturm. Das bronzene Denkmal für den böhmischen Reformator Jan Hus steht ebenso hier wie die Teynkirche mit ihrem markanten Doppelturm. Überbordend verziert sind die Fassaden und die umgebenden Paläste und Dutzende Bürgerhäuser stellen den Reichtum der Stadt zur Schau. Besonders

abends im Licht der Laternen ist der Platz von ergreifender Schönheit. *d3*

OBECNÍ DŮM (REPRÄSENTATIONSHAUS)

Ganz im Jugendstil gehalten sind Fenster, Türen, Geländer, Fassade, selbst das Dach ist fein ziseliert gearbeitet. Auch Alfons Mucha, der Großmeister der Sezession, hat sich an der Ausgestaltung des Hauses (eröffnet 1912) beteiligt. Im Innern setzt sich die Pracht bei den Lüstern und den gefliesten Mosaiken im Treppenhaus fort, der Smetana-Saal ist einer der schönsten Konzertsäle der Stadt. Das Café im Erdgeschoss gilt dank seiner Innenarchitektur als opulentestes Kaffeehaus Europas. *Nám. Republiky* | *obecnidum.cz* | *e3*

JOSEFOV (JOSEFSTADT & JÜDISCHES VIERTEL) ★

Vom historischen jüdischen Viertel sind nur noch wenige Gebäude übrig geblieben: die geduckten, schmucklosen Häuser nahe der Altneuschul, der ältesten Prager Synagoge. Noch vor gut 100 Jahren sahen sämtliche Straßenzüge in diesem Teil der Stadt genauso aus. Dann allerdings expandierte Prag, die Grundstückspreise stiegen, und an der Stelle des einstigen Ghettos entstanden luxuriöse Neubauten mit aufwendig geschmückten Fassaden, die vom Wohlstand der Stadt im ausgehenden 19. Jh. zeugen. An die jüdischen Wurzeln des Viertels erinnern noch die zahlreichen Synagogen und der alte jüdische Friedhof. *jewishmuseum.cz* | *d2-3*

KARLŮV MOST (KARLSBRÜCKE) ★

Dass du heute über die Brücke gehen kannst, ist ein kleines Wunder: Seit 1357 trotzt das Bauwerk, benannt nach Kaiser Karl IV., den Moldauströmen und sämtlichen Hochwassern. Vielleicht liegt es an den Eiern: Aus allen Landesteilen mussten Bauern Hunderttausende Eier beisteuern, die in den Zement gemischt wurden. Das sollte die Stabilität erhöhen. Und noch was erzählt man sich zur Brücke in Prag: Wer die Figur des heiligen Johannes von Nepomuk berührt, der von hier aus in die Moldaufluten gestürzt worden ist, dem bringt er Glück. *c3*

MALÁ STRANA (KLEINSEITE)

Das Prag aus dem Bilderbuch: Die Kuppeln der Kirchen, die Paläste der Adeligen und die Kopfsteinpflastergassen – in diesem Stadtviertel findest du das alles auf engstem Raum beieinander. Die schönsten Eindrücke bekommst du, wenn du von der Karlsbrücke aus über den Kleinseiter Ring (Malostranské náměstí) zur Nerudova-Straße gehst, die sich bis hinauf vor die Tore der Prager Burg zieht. *a–b 3–4*

KOSTEL SV. MIKULÁŠE (ST.-NIKOLAUS-KIRCHE)

Die schönste Kirche in Prag! Hier hat sich der Barockbaumeister Kilian Ignaz Dientzenhofer selbst übertroffen – zur Zeit der Gegenreformation sollte mit der Nikolauskirche ein weithin sichtbares Zeichen für den Katholizismus gesetzt werden. *Jan., Feb. tgl. 9–16, April–Juni, Okt.–Dez. tgl. 9–17, Juli–Sept. tgl. 9–18 Uhr | Malostranské nám. | b3*

HRADČÍN (HRADSCHIN) ★

Steile Gassen und enge Treppen führen hinauf zu einer der größten geschlossenen Burganlagen der Welt. Sie ist Amtssitz des Staatspräsidenten und beherbergt den St.-Veits-Dom, mehrere Museen und Restaurants. Die Geschichte der Prager Burg reicht bis weit ins Mittelalter zurück. Weil jeder Herrscher seine Spuren hinterlassen wollte, findest du romanische Elemente ebenso wie gotische und barocke Einflüsse. Neben dem Dom zählt das Goldene Gässchen zu den beliebtesten Attraktionen. *April–Okt. tgl. 9–17 Uhr, Außenareal tgl. 6–22 Uhr, Nov.–März histor. Gebäude tgl. 9–16 Uhr | Burganlage kostenlos, Tickets für einige Bereiche erforderlich | 3 Std. | a2*

PETŘÍN (LAURENZIBERG)

„Berg der Verliebten" nennen die Prager den Hügel, der sich in der Nähe des Hradschins erhebt. Hier hast du einen Panoramablick über die Türme der Stadt. Eine Standseilbahn verkehrt ab der Talstation Újezd. Oben solltest du allein schon des Ausblicks wegen auf den stählernen Turm steigen, der aussieht wie die Miniaturausgabe des Pariser Eiffelturms. *Turm: Jan.–März tgl. 10–18, April, Mai tgl. 9–20, Juni–Sept. tgl. 9–21, Okt.–Dez. tgl. 10–20 Uhr | a4*

NÁRODNÍ GALERIE (NATIONALGALERIE)

Im Paradebau der modernen Architektur, dem Messepalast *(Veletržní palác)*, ist heute der Hauptsitz der tschechischen Nationalgalerie. Zu sehen sind auf 13 500 m² Ausstellungsfläche kostbare

Kunstwerke aus dem 20. und 21. Jh. *Di–So 10–18, Mi bis 20 Uhr | Dukelských hrdinů 47 | ngprague.cz | 0*

VINOHRADY

Ein Abstecher in den Ortsteil Vinohrady rund um den Platz des Friedens (Náměstí Míru) gibt Einblick in die elegante Prager Lebensart. Hier ist zu Beginn des 20. Jhs. ein ausgedehntes Gründerzeitviertel entstanden, in dem sich bis heute die Wohlhabenden zu Hause fühlen. Etwas vom Lebensgefühl im Viertel erspüren kannst du auch beim Schlendern über den beliebten Bauernmarkt auf dem Platz *Jiřího z Poděbrad (Mi–Fr 8–18, Sa 8–14 Uhr). f5–6*

ESSEN & TRINKEN

ANGELATO

Für das phantastische Eis stehen Kunden im Sommer bis auf die Straße Schlange. Unbedingt das Pistazieneis probieren! *März–Dez. tgl. | Rytířská27 | d3 und Ujezd 24 B | b4 | angelato.cz*

MATYLDA

Das Restaurant ist auf einem Schiff untergebracht mit riesigen Fenstern, vor denen sich das Prager Panorama ausbreitet. Hervorragende italienische Küche. *Tgl. | Masarykovo nábřeží | Tel. 724800100 | botelmatylda.cz | €€€ | c5*

Auf der Karlsbrücke finden nicht nur Musiker ihr Publikum

CAFÉ LOUVRE

Ein Kaffeehaus, das noch den Charme des frühen 20. Jhs. versprüht. Im 1. Stock, geh die Treppe bis ganz nach oben! *Tgl. | Národní 22 | Tel. 724054055 | cafelouvre.cz | €–€€ | f2*

LEHKÁ HLAVA (LEICHTER KOPF)

Pionier der vegetarischen Restaurants der Stadt. Im leicht esoterisch angehauchten Ambiente gibt es auch vegane Gerichte. *Tgl. | Boršov 2 | Tel. 222220665 | lehkahlava.cz | € | c4*

CERVENÝ JELEN

Die einstige kubistische Bankzentrale ist heute ein spektakuläres Restaurant: Auf jeder Etage vom Tresorraum bis zur Schalterhalle hat ein anderer Chefkoch mit je anderem Stil das Sagen. *Tgl. | Hybernská 5 | Tel. 735123647 | cervenyjelen.cz | €€–€€€ | e3*

CAFÉ IMPERIAL

Herrschaftliches Café, das mit reich verzierten Wandfliesen und Vergoldungen im Stil des Art déco ausgeschmückt ist. Eine Prager Institution. *Tgl. | Na Poříčí 15 | 246011440 | cafeimperial.cz | €€ | f2*

DISH

Die wohl besten Burger von Prag – inklusive einiger tschechischer Interpretationen des neu entdeckten Klassikers. Reservieren! *Tgl. | Belgická 26 | Tel. 233340701 | dish.cz | €€ | f5*

U VODOUCHA

Stilechte Kneipe mit böhmischer Küche. Ohne Reservierung geht hier gar nichts. Fast ein Dutzend Biersorten aus Kleinbrauereien vom Fass. *Tgl. | Jagellonská 21 | Tel. 736623294 | €–€€ | 0*

SHOPPEN

MODE & ACCESSOIRES

Jüngere, flippigere Mode und Accessoires gibt es im Szeneviertel Žižkov, z. B. im *Bohemian Retro (Chvalova 8 | bohemianretro.com | 0)*, das Klamotten, Sonnenbrillen und Gürtel aus der Zeit von 1920–80 anbietet. Beata Rajská, eine der bekanntesten tschechischen Designerinnen, betreibt

Große Bühne: Der Fernsehkoch Zdeněk Pohlreich ist Chef im Café Imperial

eine eigene, allerdings hochpreisige *Boutique (Dušní 2 | Tel. 222 31 41 74 | beatarajska.cz |* 🕮 *d3).* Ein Paradies für Kinder ist die Spielwarenhandlung *Hugo chodí bos*, die sich ganz auf tschechische Spielsachen spezialisiert *(Vodičkova 35 | hugochodibos.cz |* 🕮 *e4).*

STODOLA ANTIQUES

Wer auf alte Möbel steht, kann bestimmt ganze Tage auf dem Gelände des früheren Güterbahnhofs in Žižkov zubringen: Zwei riesige Hallen dienen als Antiquitätenläden – mit einem Angebot von barocken Schönheiten bis zu Kuriositäten aus den 1970er-Jahren. *Jana Želivského 2 | stodola.cz |* 🕮 *0*

PAPELOTE

Wahre Schätze kann man in der Papeterie finden, die junge tschechische Designer aufgemacht haben. Ihre Papiere, Blöcke und Karten wecken zuverlässig die Lust aufs Schreiben. *Milady Horákové 11 | papelote.eu |* 🕮 *c5*

SPORT & SPASS

DĚTSKÝ OSTROV (KINDERINSEL)

Eine der Prager Moldauinseln gehört ganz den Kindern: Auf dem 10 000 m² großen Areal sind verschiedene Spielzonen eingerichtet, angefangen bei Rutschen und Schaukeln bis hin zu einem kleinen Sportplatz. Die Eltern dürfen auf Parkbänken Platz nehmen oder im benachbarten Biergarten mit Blick auf die prachtvollste Prager Uferstraße entspannen. *April–Okt. tgl. 9–20, Nov.–März tgl. 10–18 Uhr | Eintritt frei | Zugang von der Straße Janáčkovo nábřeží |* 🕮 *c4*

TRETBOOTFAHREN

Auf der Insel Žofín gegenüber vom Nationaltheater in Prag werden Tret- und Ruderboote vermietet. Auch die großen Ausflugsdampfern drehen hier ihre Runden. Die zwei Anbieter liegen direkt nebeneinander und sind dank der Anlegestege schon von Weitem zu erkennen. Die Öffnungszeiten variieren je nach Wetter und Nachfrage. Bei Sonnenschein ist im Sommer bis spät abends geöffnet. 🕮 *c4*

LADRONKA

Der langgestreckte Park am Rand der Stadt, der sich entlang der Straße Tomanova zieht, ist ein Sportparadies: Inline-Skater aus ganz Prag treffen sich hier (auch einen Verleih gibt es), Jogger, Beachvolleyballer, Bowling-Fans und Discgolfer. Und wer einfach nur zuschauen möchte: Einen Biergarten gibt's auch. 🕮 *0*

AUSGEHEN & FEIERN

LUCERNA-KINO

Gleich am Wenzelsplatz bietet das Lucerna-Kino einen prächtigen Jugendstilsaal mit 450 Plätzen. Hier laufen viele Filme im Original oder mit englischen Untertiteln. *Vodičkova 36 | Tel. 224 21 69 72 | lucerna.cz |* 🕮 *e4*

REDUTA

Die Legende unter den Jazzclubs in der Hauptstadt ist stilgerecht in einem Gewirr von Kellerräumen untergebracht. *Národní 20 | redutajazzclub.cz |* 🕮 *d4*

NATIONALTHEATER

Für Opern und Ballett die schönste Bühne der Stadt. Die Inszenierungen sind meistens sehr klassisch. *Ostrovní 1 | Tel. 224 90 14 48 | narodni-divadlo.cz |* *c4*

BUGSY'S BAR

Die Bar wurde schon mehrfach als beste Bar Tschechiens ausgezeichnet. Phantastische Cocktails, riesige Auswahl! *Tgl. | Pařížská 10 | Tel. 840 28 47 97 | bugsysbar.cz |* *d3*

ŽIŽKOV

Das frühere Arbeiterviertel ist der Szenetreff in Prag. Neben dem *Palac Akropolis (Kubelíkova 27 | palacakropolis.cz),* der als Musikclub zur Institution geworden ist, hat sich die Bar *Bukowski's (Bořivojova 86)* zum nächtlichen Treffpunkt entwickelt. *0*

RUND UM PRAG

1 PRUHONICE

17 km/16 Min. von Prag (Auto), 55 Min. per Bahn

Der Lieblingsort vieler Prager, um dem Trubel zu entfliehen: Die wunderschöne Parkanlage mit uralten Bäumen, die sich hinter dem Schloss erstreckt, ist ein Teil des Botanischen Gartens und bietet jede Menge versteckte Plätze für ein Picknick oder einfach ein gutes Buch. *0*

INSIDER-TIPP
Flanieren im Grünen

2 HRAD KARLŠTEJN (BURG KARLSTEIN) ★

35 km/45 Min. von Prag (Auto), 55 Min. per Bahn-Direktverbindung

Märchenhafter als Karlstein kann eine Burg gar nicht sein: Ein Meisterwerk aus Zinnen, Türmen, Höfen und Zugbrücken ist die mittelalterliche Anlage, die im 14. Jh. einer der Lieblingsplätze von Kaiser Karl IV. war. Das könnte nicht nur an der famosen Aussicht gelegen haben, sondern auch an den wertvollen Kronjuwelen, die hier aufbewahrt waren. Nur mit Führung zu besichtigen. *Startzeiten je nach Rundgang unterschiedlich, s. Website | hradkarlstejn.cz | 45 Min.–2 Std. |* *G4*

3 KONĚPRUSKÉ JESKYNĚ (KONIEPRUS-HÖHLEN)

40 km/40 Min. von Prag (Auto)

Das beeindruckende System von Kalksteinhöhlen zählt zu den größten Naturdenkmälern dieser Art in Europa. Die 400 Mio. Jahre alten Höhlen dehnen sich über drei Etagen und mehr als 2 km aus. *April–Juni, Sept. tgl. 8–16, Juli, Aug. tgl. 8–17, Okt. tgl. 8.30–15 Uhr, Nov. Führungen 9, 11, 14 Uhr | 1 Std. | Koněprusy | Facebook: konepruskejeskyne |* *G4*

4 LIDICE (LIDITZ)

25 km/30 Min. von Prag (Auto)

Als Racheakt für den Anschlag auf den NS-Statthalter Reinhard Heydrich am 27. Mai 1942 löschten die Nazis den ganzen Ort aus, weil die Attentäter dort angeblich Zuflucht gefunden hatten. Alle Häuser wurden abgerissen, fast alle Einwohner ermordet. Heute steht hier eine bewegende Gedenkstätte. Einige Hundert Meter entfernt erwachte der Ort Lidice (heute 450 Ew.) zaghaft zu neuem Leben. Die Gedenkstätte *(lidice-memorial.cz)* wird gerade renoviert, der bewegende Gedenkpark ist weiterhin geöffnet. Am anderen Ende des Ortes ist eine kleine *Galerie (Tokajicka 152)* untergebracht, die für ihre hervorragenden Ausstellungen weit über die Region hinaus bekannt ist. *G4*

5 MĚLNÍK (MELNIK)

50 km/40 Min. von Prag (Auto)

Das Highlight im 20 000-Einwohner-Ort ist flüssig: Moldau und Elbe fließen hier ineinander, und obwohl die Moldau einen längeren Weg hinter sich hat, muss sie entgegen den üblichen Gepflogenheiten ihren Namen hergeben. Hamburg an der Moldau – so müsste es eigentlich heißen. Den besten Blick auf den Zusammenfluss hast du vom Schloss aus, in dem auch Wein von den örtlichen Weinbergen serviert wird. Wer lieber Bier mag: Ausgezeichnet schmeckt das in der Minibrauerei *Němý mědvěd (tgl. | Nám. Míru 27 | Tel. 773898122)* am Hauptplatz. *G3*

6 ZÁMEK KONOPIŠTĚ (SCHLOSS KONOPISCHT)

50 km/40 Min. von Prag (Auto)

Das Jagdschloss diente dem österreichischen Thronfolger Franz Ferdinand d'Este als Rückzugsort, jenem Habsburger, dessen Tod in Sarajewo den Ersten Weltkrieg auslöste. In den aufwendig restaurierten Räumen wirst du Zeuge seiner Sammelleidenschaft: ausgestopfte Tiere, Meißner Porzellan, Pfeifen und vor allem Waffen. *Startzeiten je nach Rundgang unterschiedlich, s. Website | zamek-konopiste.cz | 60 Min. | H5*

Schatzkammer Karls IV.: Burg Karlstein

KUTNÁ HORA (KUTTENBERG)

J4 **Der frühere Reichtum der 20 000-Ew.-Stadt ist an jeder Ecke zu erkennen: prachtvolle Wohnhäuser am Marktplatz, Herrschaftshäuser, Verteidigungsanlagen, ein Kloster und eine Kathedrale, die**

einem den Atem vor Ehrfurcht verschlägt.

Dank der Silberminen, die zwischen dem 13. und 17. Jh. ausgebeutet wurden, entwickelte sich Kutná Hora im Mittelalter zum heimlichen Zentrum Böhmens. Das Leben spielt sich heute vor allem in den Gassen rund um den Palacky-Platz (Palackého náměstí) ab. Aus dem verwinkelten Viertel führt die Barborská-Straße direkt auf die Kathedrale zu; ein von Heiligenfiguren gesäumter Weg, von dem aus sich der Blick auf das zum Unesco-Welterbe gehörende historische Zentrum öffnet.

SIGHTSEEING

CHRÁM SV. BARBORY (ST.-BARBARA-KATHEDRALE) ★

Ein steinernes Statussymbol wollten die Bürger errichten, eine Kathedrale, gegen die selbst der Prager Veitsdom wie eine Kapelle aussehen würde. Sie engagierten den Baumeister Peter Parler – und obwohl ihnen das Geld ausging, wurde der im 15. Jh. errichtete spätgotische Bau atemberaubend, sowohl was seine Dimension als auch seine Ausschmückung anbelangt. *Nov.–Feb. Di–So 10–16, März, Okt. tgl. 10–17, April–Sept. tgl. 9–18 Uhr | Barborská*

GASK

Klar, prächtig renoviert ist das frühere Jesuitenkolleg, aber wer ahnt, dass hinter dem alten Gemäuer ein ganz frischer Wind weht? Hier werden so bahnbrechende Ausstellungen veranstaltet, dass Kunstinteressierte aus dem ganzen Land anreisen. Tolle Idee für außergewöhnlichen Kinderspaß, sind die wochenends stattfindenden Kunstaktionen in Spielecken, in denen sich Zwei- bis Zehnjährige austoben können. *Di–So 10–18 Uhr | Barborská 51–53 | gask.cz*

INSIDER-TIPP **Kunstvoll spielen**

Direkt hinter der Galerie erstreckt sich der Balkon von Kutná Hora: Vom Park des Kollegs aus liegt dir die ganze Stadt zu Füßen – ein herrlicher Pausenplatz im Schatten der Bäume.

HRÁDEK (KASTELL)

Das imposante Festungsgebäude, früher Zentrum des Bergbaus, beherbergt heute das Tschechische Silbermuseum. Höhepunkt ist eine Führung durch einen *Silberstollen* unter der Stadt. Es wird sehr eng! *April, Okt. Di–So 9–17, Mai, Juni, Sept. Di–So 9–18, Juli, Aug. Di–So 10–18, Nov. Di–So 10–16 Uhr | Barborská 28 | cms-kh.cz | 90 Min. (mit Silberstollen)*

KOSTNICE (BEINHAUS) ★

Im Keller einer Friedhofskapelle im Vorort Sedlec sind die Knochen von 40 000 Toten zu Pyramiden, Wappen und Leuchtern zusammengesetzt. Nach Pestepidemie und Hussitenkriegen reichte der Friedhof nicht mehr aus: Die Mönche sorgten mit einer Umbettung für Abhilfe. *März–Okt. tgl. 10–17, Nov.–Feb. Di–So 10–16 Uhr*

ESSEN & TRINKEN

FACTORY BISTRO

Genug von böhmischen Knödeln? Hier gibt's ordentliche Burger, Pizza,

Makaber anmutende Sehenswürdigkeit: das Beinhaus Kostnice in Sedlec

Pasta und ein lockeres Ambiente. *Tgl. | Ceská 1 | Tel. 721 32 31 45 | factorybistro.cz | €*

CHATEAU KOTĚRA

Die elf Kilometer Fahrt lohnen sich wirklich: Gourmet-Küche in einem kubistischen Schloss, gespeist wird in einem stilvoll vertäfelten Speisesaal, in dem dich Jugendstil-Aura umgibt. *Komenského nám. 40, Ratboř| Tel. 321 61 31 00 | hotelkotera.cz | €€€*

INSIDER-TIPP
Fürstlich und köstlich tafeln

ČTYŘÍ SESTRY

Die „vier Schwestern", wie das Restaurant auf Deutsch heißt, wirbeln die behäbige Gastroszene auf. Luftig-frisches Ambiente, Speisen von Lachs-Rillettes bis zum Filetsteak an Zwetschgensauce. *Tgl. | Havlíčkovo nám. 335 | Tel. 327 51 27 49 | ctyrisestry.cz | €€*

ZMRZLINÁRNA

Die beste Eisdiele der Stadt liegt versteckt in einer Seitengasse. *Jakubská 81|€*

RUND UM KUTNÁ HORA

7 HRAD ČESKÝ ŠTERNBERK (BURG STERNBERG)

40 km/40 Min. von Kutná Hora (Auto)

Hoch überm Flussbett der Sázava erhebt sich die Burg. Sie ist eine der eindrucksvollsten Burganlagen des Landes und galt lange als uneinnehmbar. Einen kleinen Spaziergang entfernt steht ein Aussichtsturm, von dem aus du den besten Blick auf die Burg und die steilen Felshänge hast. *April, Okt. Sa/So 9–17, Mai, Juni, Sept. Di–So 9–17, Juli, Aug. Di–So 9–18 Uhr | hradceskysternberk.cz | 50 Min. | H5*

SÜDBÖHMEN

BÖHMERWALD-RAUSCHEN UND BAROCK

Im Süden geht die Kette der sanften Hügel allmählich in das Mittelgebirge Böhmerwald über, durch die Täler winden sich die Moldau und ihre Zuflüsse. Auf fast jeder Anhöhe thront ein Schloss, auf den größeren Felsen eine Burg.

Südböhmen ist ein Naturparadies, dünn besiedelt und voller Reservate für Pflanzen und seltene Tierarten. Wandern und Radfahren im Nationalpark Böhmerwald, Wassersport an den Stauseen, Kanutouren auf der Moldau: Für Aktivtouristen ist die Region die erste Wahl.

Die Moldau auf ihrem Weg im Böhmerwald

Zudem hat Südböhmen wunderbar renovierte Städte zu bieten: Weil sie über Jahrzehnte die Außengrenze des sozialistischen Weltreichs bildeten, hat sich niemand groß für sie interessiert. So blieben die historischen Gebäude, die nostalgisch anmutenden Gassen und das unvergleichliche Flair unangetastet.

SÜDBÖHMEN

Zbiroh
Mýto
D5
Rokycany
Hrádek
Mirošov
STŘEDOČESKÝ KRAJ
Starý Plzenec
Dobřany
Stod
26
27
Holýšov
Staňkov
Přeštice
Blovice
Spálené Poříčí
Rožmitál pod Třemšínem
Horšovský Týn
PLZEŇSKÝ KRAJ
Švihov
Měčín
Nepomuk
20
Kasejovice
Blatná
Domažlice (Taus)
S. 84
26
Kdyně
1 Klatovy (Klattau)
Plánice
Janovice nad Úhlavou
22
Nalžovské Hory
Horažďovice
Furth im Wald
Nýrsko
Strážov
Rabí
Strakonice
Sušice
27
Hartmanice
ČESKO
Bad Kötzting
Volyně
Železná Ruda
Kašperské Hory
4
Viechtach
11
Vimperk (Winterberg) 8
85
163 km, 2 Std. 40 Min.
9 Modrava
Zwiesel
Regen
11
Volary
DEUTSCHLAND
Grafenau
Deggendorf
533
A92
Freyung
Plattling
Donau
12
Böhmerwald
85
Waldkirchen
Osterhofen
A3
8
Vilshofen an der Donau
Hauzenberg
10 km
6.21 mi
Passau
388
Ortenburg

MARCO POLO HIGHLIGHTS

★ **HOLAŠOVICE (HOLLSCHOWITZ)**
Jahrhundertealtes Dorfleben unter Unesco-Schutz ➤ S. 90

★ **ZÁMEK HLUBOKÁ (SCHLOSS FRAUENBERG)**
Weiße Zinnen und Türmchen von außen, üppige Pracht von innen ➤ S. 90

★ **TÁBOR (TABOR)**
Das Aussehen der Hussitenstadt im 16. Jh. ist bis heute erhalten geblieben ➤ S. 93

★ **SUMAVA (BÖHMERWALD)**
Modrava und Vimperk sind gute Ausgangspunkte für Wander- und Radtouren im herrlichen Wald ➤ S. 91

★ **ČESKÝ KRUMLOV (KRUMAU)**
Unvergleichliche Märchenstadt an der Moldau – nach Prag das meistbesuchte Ziel Tschechiens ➤ S. 85

DOMAŽLICE (TAUS)

D6 **Rokokogiebel schmücken die Häuser entlang des Marktplatzes, markante Aussichtstürme und eine Burg prägen das Bild der Stadt (11 000 Ew.).**

Hier ist der Hauptsitz der Choden, einer alten slawischen Volksgruppe, die heute noch mit Folklorefesten und historischen Trachten auf sich aufmerksam macht. Bekannt sind die Choden seit dem Mittelalter, als sie die bayerisch-böhmische Grenze sicherten und dafür weitreichende Privilegien bekamen.

SIGHTSEEING

NÁMĚSTÍ MIRU (FRIEDENSPLATZ)

Der Marktplatz zieht sich einen kleinen Hügel hinunter, gesäumt von Bürgerhäusern mit Arkadengängen und Barock- und Rokokogiebeln. Im August feiern die Choden auf dem Marktplatz ihr jährliches Folklorefest mit Trachten und Musik. Die Wahrzeichen der Stadt sind das Untere Tor (Dolní brána) an der Ostseite des Platzes sowie der runde Turm der im Barockstil umgebauten Mariä-Geburt-Kirche (Kostel Narozeni Panny Marie). Für einen wunderbaren Blick geht es fast 200 Stufen hinauf. Das Rathaus ragt mit seinem markanten Turm heraus. Geh auch ins Innere: Dort ist ein phantastisches Treppenhaus mit einer überbordend geschmückten Freitreppe zu sehen.

CHODSKÝ HRAD (CHODENBURG)

Die Anlage aus dem 13. Jh. war viele Jahre das Machtzentrum der Choden. Inzwischen ist die Burg zu einem barocken Schmuckstück umgebaut worden. Das Museum darin beschäftigt sich mit chodischen Wurzeln und Traditionen, eher folkloristisch, aber sehenswert. *April–Okt. tgl. 9–12, 13–17, Nov.–März Mo–Fr 9–12, 13–16 Uhr | Chodské nám. 96 | muzeum-chodska.com*

ESSEN & TRINKEN

KONŠELSKÝ ŠENK

Der italienische Koch konzentriert sich auf die Spezialitäten aus seiner Heimat. Netter Biergarten und einige Gästezimmer. *So geschl. | Vodní 33 | Tel. 774 99 50 02 | konselskysenk.cz | €*

V CAFFÉ

Einen Espresso wie in Italien verspricht der Barista, dazu gibt's ausgewählte Schokolade. *Tgl. | Nám. Míru 48 | vcaffe.cz | €*

RUND UM DOMAŽLICE

1 KLATOVY (KLATTAU)

32 km/30 Min. von Domažlice (Auto)

Das Rathaus von Klatovy ist ein stolzer Renaissancebau aus dem Jahr 1559, und er ist das schönste Gebäude am Marktplatz. Die mittelalterliche Innenstadt ist von einer intakten Stadtmauer umgeben. Geistliches Zentrum bil-

Mit Renaissance-Giebeln versehene Häuser umgeben den Marktplatz von Domažlice

det die barocke Jesuitenkirche mit ihren Katakomben, in denen die Toten mumifiziert zur Ruhe gebettet liegen. Sehenswert ist die *historische Apotheke*, die von den Jesuiten 1624 eingerichtet wurde. Heute ist das barocke Prachtstück als Museum zugänglich *(April–Okt. Di–So 9–12 u. 13–17 Uhr | Nám. Míru 149)*.

Wenn du Lust auf regionales Essen hast, lohnt sich eine 30-km-Spritztour durch wunderschöne Landschaft zum Gasthof *U Štěpána (Vojetice 9 | bei Petrovice | Tel. 376 58 81 96 | ustepana.eu | €€€)* oder dem versteckt gelegenen Hof *Stará Vápenka (Di–So | Svinná 7 | Javorná-Čachrov | Tel. 774 31 62 17 | ekofarmasvinna.cz | €€)* mit herrlichem Fernblick in unberührte Landschaft und eigenen Gästezimmern. Bei beiden vorher reservieren. *E6*

ČESKÝ KRUMLOV (KRUMAU)

G8 **Der ★ Ort im südlichsten Zipfel Böhmens ist eine wahre Märchenstadt. Alles hier ist historisch: die Arkadengänge, die alte Schlossstiege, die schiefen Häuschen und die prächtigen Häuser und natürlich die barocke Parkanlage.**

Bis in den letzten Winkel wurde die alte Substanz auf Hochglanz poliert. Bei so viel Anmut ist Český Krumlov nach Prag die meistbesuchte Stadt in Tschechien – mehr als 1 Mio. Touristen pro Jahr besuchen den Ort mit 14 000 Einwohnern.

SIGHTSEEING

ALTSTADT

Die Hauptrolle spielt das Wasser: Eigenwillig windet sich die Moldau durch die Stadt und macht das Zentrum zur Halbinsel. Dank der steil ansteigenden Gassen öffnen sich an vielen Punkten immer wieder Panorama-blicke auf das Ensemble aus historischen Häuschen, Kopfsteinpflaster-Romantik und rauschendem Fluss, etwa von der barocken Veitskirche (Kostel sv. Víta) im südlichen Teil der Altstadt aus.

EGON SCHIELE ART CENTRUM

So ändern sich die Zeiten: Verjagt haben die Einwohner ihn, den Expressionisten Egon Schiele, weil seine Bilder so viel nackte Haut zeigen. Heute ist dem weltberühmten Maler ein sehenswertes Museum in der früheren Stadtbrauerei gewidmet. *Di–So 10–18 Uhr | Široká 71 | esac.cz*

ZÁMEK (SCHLOSS)

Von einem echten Bären im Burggraben bewacht, erhebt sich hoch über Moldau und Altstadt das Schloss. Renaissance-, Barock- und Rokokoelemente ergänzen sich zu einem einmaligen Ensemble. Um fünf Innenhöfe gruppiert sich die Palastanlage mit mehreren Hundert Zimmern. Lohnend ist der Aufstieg auf den Schlossturm im zweiten Innenhof: Der Blick auf die Moldau ist unvergleichlich. Im barocken Schlosspark steht ein kleines Freilichttheater mit drehbarer Tribüne für das Publikum. *Museum und Aussichtsturm ganzjährig geöffnet,*

Die Moldau bei Český Krumlov ist für gemütliche Paddeltouren ideal

Führungen durchs Schloss: April, Mai, Sept., Okt. Di–So 9–16, Juni–Aug. Di–So 9–17 Uhr | zamek-ceskykrumlov.cz | ⏱ 45–60 Min.

ESSEN & TRINKEN

KRUMLOVSKÝ MLÝN

Die alte Mühle ist ein mit allerhand Antiquitäten ausgestattetes, unkonventionelles Restaurant. Von der Terrasse phantastischer Blick auf die Burg. Tolle Lage, viel Betrieb. *Široká 80 | Tel. 736634461 | krumlovsky mlyn.cz | €€*

LAIBON

Das vegetarische Restaurant direkt am Ufer der Moldau gelegen, bietet einfallsreiche Eigenkreationen auf dem Teller – auf Wunsch auch vegane. *Tgl. | Parkán 105 | Tel. 775675654 | laibon.cz | €*

PAPA'S LIVING RESTAURANT

Junges Restaurant mit italienisch-tschechischer Speisekarte. Unprätentiöser Stil, guter Service. *Tgl. | Latrán 13 | Tel. 702215965 | papas.cz | €–€€*

SPORT & SPASS

Český Krumlov ist das tschechische Kanuparadies schlechthin. Etliche Verleiher bringen dich mitsamt Boot gern einige Kilometer stromaufwärts, damit du gemütlich auf der ⚑ Moldau zurückpaddeln kannst. Infos gibt's beim *Tourismusbüro (Nám. Svorností 2 | Tel. 380704622 | ckrumlov.cz).*

AUSGEHEN & FEIERN

Da viele Rucksacktouristen nach Český Krumlov kommen, ist hier abends viel los. Das Leben spielt sich vor allem in Altstadtkneipen ab. Bis in den Morgen wird in der *Zapa Bar (Latrán 15 | zapabar.cz)* im Backsteinkeller eines historischen Hauses gefeiert. Beliebt ist auch die Bar *Zlatý Anděl (Nám. Svorností 11 | hotelzlatyandel.cz),* über den Tischen spannt sich ein gotisches Gewölbe, auch ein Tanzparkett gibt es. Wem der Sinn auf ein Glas Wein steht und auf Kontakt mit den Einheimischen: Das *Kolektiv (Latrán 13 | bistro kolektiv.cz)* ist eine Mischung aus Bistro und Weinbar.

RUND UM ČESKÝ KRUMLOV

2 NÁDRŽ LIPNO (LIPNO-STAUSEE)

20 km/20 Min. von Český Krumlov (Auto)

Das „böhmische Meer" mit einer Oberfläche von mehr als 4700 ha entstand, als die Moldau in den 50er-Jahren gestaut wurde. Der See *(visitlipno.cz)* windet sich ⚑ durch die Hügel des Nationalparks Böhmerwald. Die wichtigsten Orte sind Lipno und Frymburk. In Frymburk wurde ein Teil des Orts dem Stauseebau geopfert; gleich hinter der Kirche legt die Fähre an. Der See ist besonders bei Wassersportlern und Radfahrern beliebt. Die Strandbäder rund um den Lipno-Stausee, etwa in Černá v Pošumaví, sind idyllisch und preiswert – aber an heißen Tagen natürlich gut besucht. *G8*

3 VYŠŠÍ BROD (HOHENFURTH)

30 km/30 Min. von Český Krumlov (Auto)

Hier lässt es sich ungestört beten, befanden im Jahr 1259 die Zisterzienser, und bauten ein Kloster auf. Heute kommt auch auf seine Kosten, wer einfach nur Kunst und Natur genießen will. Die Maria-Himmelfahrt-Kirche mit der Hohenfurther Madonna aus der Zeit um 1400 etwa oder die Bibliothek. *Mai–Sept. Mo–Sa 9.30–16.30 Uhr | klastervyssibrod.cz | 1 Std.. | G8*

ČESKÉ BUDĚJOVICE (BUDWEIS)

G7 **Da können andere Staaten Goldschätze aufhäufen, die Tschechen halten sich zusätzlich lieber an flüssige Wertanlagen: Die berühmte Brauerei in Budweis ist in staatlicher Hand.**

Sie ist einer der größten Bierproduzenten Tschechiens, und so ist es kein Wunder, dass die Brauerei ganz Budweis prägt. Aber auf das Bier reduzieren sollte man die Stadt mit ihren fast 100 000 Ew. nicht: Sie hat eine herrliche Altstadt mit vielen kirchlichen Denkmälern.

SIGHTSEEING

ALTSTADT

Bei einer Kahnfahrt, die regelmäßig an der Sokol-Insel startet, verschaffst du dir einen Überblick über die Stadt. Wenn du zu Fuß startest, solltest du zuerst zum Premysl-Ottokar-II.-Platz, einem der größten Marktplätze in Böhmen. Die Fassaden der Häuser mit den markanten Arkadengängen entstammen Barock und Klassizismus, die Dominante ist das Rathaus mit seinen drei Türmen. Eine Straße weiter steht der barocke St.-Nikolaus-Dom (Chrám sv. Mikuláše), vom Schwarzen Turm (Černá věž) (16. Jh.) hast du die beste Übersicht. Die Klosterkirche Mariä Opferung (Kostel Obětování Panny Marie) am Piaristické náměstí wurde im 13. Jh. errichtet.

PIVOVAR BUDĚJOVICKÝ BUDVAR (BUDWEISER-BRAUEREI)

Mit Pilsen streitet sich Budweis (vergeblich) um den Titel der böhmischen Bierhauptstadt. Unbestritten ist jedoch: Es ist ein ausgezeichnetes Bier, das hier gebraut und in alle Welt exportiert wird. Die Zeiten der täglichen deutsch- und englischsprachigen Führungen schaust du am besten vorher aktuell im Netz nach. *Karolíny Světlé 4 | Tel. 3 87 70 53 47 | visitbudvar.cz*

ESSEN & TRINKEN

BRIO

Die Speisekarte ist von der italienischen Küche geprägt, das Interieur aufgeräumt: Speisen mit Stil am Rand

der Altstadt. Bei Einheimischen besonders mittags beliebt. *So geschl. | Riegrova 8 | Tel. 722286496 | briorestaurant.cz* | €€

KRAJINSKÁ 27

Mutig, mutig: In der Bierstadt brauen die Chefs hier ihr eigenes Bier. Das Konzept geht auf – vor allem in Verbindung mit den böhmischen Küchen-Klassikern. *Mo–Sa | Krajinská 27 | Tel. 727957036 | krajinska27.cz* | €–€€

SOLNICE

Das Bier kommt hier nicht aus dem Fass, sondern per unterirdischer Röhre direkt aus der gegenüber liegenden Kleinbrauerei. Essen von Gulasch bis Burger – und vor allem: Tolles Ambiente im renovierten Kornspeicher. *Tgl. | Piaristická nám. 3 | Tel 777357120 | restauracesolnice.cz* | €€

AUSGEHEN & FEIERN

KNEIPEN

Teste eine der Kneipen um den Hauptplatz – oder steuer gleich einen Klassiker an, die *Schenke Budvarka (tgl. | Karla IV. 8–10 | malypivovar.cz)*, die zur Brauerei gehört.

PARADOX

DJ-Partys, Liveacts und Tanzen bis in den Morgen; die größte Disko in Budweis. *Krajinská 5 | bar-paradox.cz*

ŽLUTÁ PONORKA

Die Inspiration stammt von den Beatles: „Yellow Submarine" heißt die Bar übersetzt, aber von gestern ist das Konzept keineswegs. Die besten Cocktails der Stadt und ein vielversprechender Slogan: „Poetic Cocktailbar". Wenn das mal keine spannende Nacht wird! *Di–Sa | Česká 66 | zlutaponorka.cz*

RUND UM ČESKÉ BUDĚJOVICE

4 TŘEBOŇ (WITTINGAU)

28 km/25 Min. von České Budějovice (Auto)

Der 9000-Ew.-Ort Třeboň liegt mitten in einer Teichlandschaft. Seit dem Mittelalter haben die Gutsherren das Wittingauer Becken für die Fischwirtschaft umgegraben. Auch im Zentrum gibt es Sehenswertes, wie z. B. die Renaissancehäuser oder das große, sgraffito-verzierte *Renaissanceschloss (April, Mai, Sept., Okt. Di–So 9–15.15, Juni Di–So 9–16.30, Juli, Aug. tgl. 9–16.30 Uhr | zamek-trebon.cz | 45 Min.)* mit seinem englischen Park. Ein Spaziergang (ca. 1,5 km) führt zur monumentalen *Gruft des Adelsgeschlechts Schwarzenberg (Schwarzenberská hrobka, April, Mai, Öffnungsz. s. Schloss),* die sich die wohlhabende Familie 1874 bauen ließ. Sie liegt in einem bewaldeten Park südöstlich des Teichs Svět. Als bestes Fischrestaurant gilt das *Šupina (tgl. | Valy 155 | Tel. 384721149 | supina.cz | €€)* mit regionalen Karpfen-Gerichten. H7

INSIDER-TIPP
Šupina fischt frische Fische

5 HOLAŠOVICE (HOLLSCHOWITZ) ★

18 km/25 Min. von České Budějovice (Auto)

Das Dorf mit nur 140 Ew. zählt wegen seiner Häuser im bäuerlichen Barockstil zum Unesco-Welterbe. Im 18. und 19. Jh. wurden die 22 typisch böhmischen Höfe gebaut, die sich um einen Fischteich gruppieren und ein einmaliges erhaltenes dörfliches Ensemble bilden. G7

6 ZÁMEK HLUBOKÁ (SCHLOSS FRAUENBERG) ★

10 km/15 Min. von České Budějovice (Auto)

Der Fürst zu Schwarzenberg hatte im 19. Jh. ein Ziel: 20 Jahre lang ließ er die einstige Burg im Stil der Romantik umbauen, Ergebnis ist ein mit weißen Türmchen und Zinnen besetztes Schloss im Tudorstil – heute ein beliebtes Postkartenmotiv und Ausflugsziel für alle Verliebten. *Nov.–März Di–So 9–16, April, Sept., Okt. Di–So 9–16.30, Mai, Juni Di–So 9–17, Juli, Aug. tgl. 9–17 Uhr | zamek-hluboka.eu | 40–60 Min. |* G7

7 PRACHATICE (PRACHATITZ)

45 km/40 Min. von České Budějovice (Auto)

Dass man mit Salz so viel Geld verdienen konnte: Die wohlhabenden Zeiten sieht man der Renaissancestadt (12 000 Ew.) noch heute an. Die Einwohner verdanken ihren Reichtum dem „Goldenen Steig", einer Handelsroute, die von Passau nach Prag führte. Beste Adresse zum Einkehren ist die *Brauerei Pivovar Prachatice (tgl. | Horní 174 | Tel. 606096994 | pivovarprachatice.cz | €)* mit dem hervorragenden Lagerbier *Kratušinský světlý.* Etliche Biersorten frisch aus dem Brauereikessel, dazu ein aufgeräumtes Ambiente. F7

INSIDER-TIPP
Bierspezialität

Die reichen Bürger von Prachatice ließen ihre Häuser mit Sgraffiti verzieren

8 VIMPERK (WINTERBERG)

60 km/50 Min. von České Budějovice (Auto)

Der Ort ist vor allem als Tor zum Nationalpark ★ Böhmerwald beliebt: In der Nähe erhebt sich der Berg Boubin (Boubinský prales), um den sich ein naturbelassener Urwald erstreckt. Im Ort ist das *Renaissanceschloss (Startzeiten je nach Rundgang unterschiedlich, s. Website | zamek-vimperk.cz)* sehenswert, das damit wirbt, dass es nicht renoviert, sondern ganz „unverfälscht" baufällig ist. Der schönste Platz zum Essen weit und breit ist die Terrasse des Restaurants *Vodník (tgl. | K Vodníku 614 | Tel. 602499122 | vimperk-vodnik.cz | €–€€)* etwas außerhalb mit Blick auf einen eigenen Fischteich. *F7*

INSIDER-TIPP **Essen mit Aussicht**

9 MODRAVA

85 km/1 Std. 30 Min. von České Budějovice (Auto)

Wenn du in die Natur des ★ Böhmerwalds abtauchen willst, ist das Bergdorf Modrava der perfekte Ausgangspunkt (s. Erlebnistour S. 123). Touristisch zwar zu Stoßzeiten im Sommer völlig überlaufen, aber die Massen verteilen sich auf den Wanderwegen schnell. Das beste Essen gibt's im Restaurant *U všech kukaček (tgl. | Modrava 32 | Tel. 722908202 | €€):* Die Betreiber haben auf verschiedenen Kontinenten gearbeitet und mischen in ihrer Küche die Zutaten kreativ zusammen. Besondere Hingucker sind die vielen Kuckucksuhren, die im Gastraum hängend nicht nur die jungen Gäste faszinieren. *E7*

JINDŘICHŮV HRADEC (NEUHAUS)

H–J7 **Die Stadt mit 23 000 Ew. hat zwei wichtige Attraktionen: das Schloss, das überreich mit Sgraffito verziert ist, und den Absinth.** Die grüne Spirituose war bei Künstlern beliebt, heute erlebt der Absinth eine Renaissance – in abgeschwächter Rezeptur. Er dürfte aber nicht der Grund dafür sein, dass es hier quirlig zugeht, das liegt schon eher an der Universität. Die Stadt wurde von Baumeistern aus Italien errichtet, noch heute liegt ein Hauch von mediterraner Romantik über den südböhmischen Gassen.

SIGHTSEEING

NÁMĚSTÍ MÍRU (FRIEDENSPLATZ)

Kaufmannshäuser dominieren den Platz. Die Mariensäule (20 m) ist ein barockes Kunstwerk; obenauf thront ein goldener Stern. Ein besonderes Kleinod steht am nördlichen Ende: das Langrův dům (Langer-Haus) von 1535, das älteste Haus der Stadt. Die Fassade ist mit Sgraffito-Ornamenten verziert, die Bibelmotive zeigen.

ZÁMEK (SCHLOSS)

Über einem Fischteich erhebt sich die Schlossanlage, die schon mit ihren Ausmaßen beeindruckt: Der Komplex ist die drittgrößte geschlossene Burganlage des Landes. Ihre Geschichte geht zurück bis ins 10. Jh. Heute fallen die Sgraffito-Ornamente an der Fassade und die ungeheure Vielfalt an Stilen in den Innenräumen auf. Renaissance, Barock, Rokoko, Empire und Klassizismus haben ihre Spuren hinterlassen, je nachdem, in welchem Trakt der Anlage du dich befindest. *Startzeiten je nach Führung unterschiedlich, s. Website | zamek-jindrichuvhradec.cz | 50–70 Min.*

ESSEN & TRINKEN

STŘAPATÁ BOHUNKA

Zum Frühstücken und für die Stärkung zwischendurch ist das die Adresse schlechthin: Hausgemachte Kuchen, unprätentiöse Bedienung – und ein starker Kaffee. Hier fühlst du dich wie im eigenen Wohnzimmer. Mittags auch kleine Hauptgerichte. *Tgl. | Nám. Míru 138 | Tel. 773 12 56 07 |* €

INSIDER-TIPP
Sofa-Atmosphäre

PENZION POD ZÁMKEM

Bei diesem Blick auf das Schloss schmeckt es gleich doppelt: Restaurant mit Panorama-Terrasse und großer Speisekarte. *Mi–So | Nové Stavení 16 | Tel. 384 38 40 26 | penzion-pod-zamkem.cz |* €€

SHOPPEN

Einen kleinen Fabrikverkauf des Absinth-Herstellers Hill's findest du ein paar Straßen außerhalb des Zentrums *(Mlýnská 3)*. Im Juli und August hat außerdem ein kleines Absinthmuseum geöffnet *(Dobrovského 1)*.

RUND UM JINDŘICHŮV HRADEC

10 ČERVENÁ LHOTA (ROTHLHOTA)

20 km/20 Min. von Jindřichův Hradec (Auto)

Eine kitschig-schönere Fotokulisse findest du weit und breit nicht: Das Renaissanceschloss inmitten eines Sees galt schon bei seiner Entstehung im 17. Jh. als Kuriosität. Damals bekam das Schloss den roten Anstrich, der ihm seinen Namen gibt (*červená* heißt auf Deutsch rot). Den romantischsten Blick hast du von einem geliehenen Ruderboot aus. *Startzeiten je nach Führung unterschiedlich, s. Website | zamek-cervenalhota.cz | ⏱ 30–60 Min. | H6*

Červená Lhota kannst du auch vom Wasser aus auf dich wirken lassen

11 TÁBOR (TABOR) ★

48 km/35 Min. von Jindřichův Hradec (Auto)

Als kriegerische Stadt ist Tábor (37 000 Ew.) bekannt geworden: Die Anhänger des Reformators Jan Hus hatten hier ihr Hauptquartier und lieferten sich im 15. Jh. blutige Schlachten mit den katholischen Heeren. Die Straßenzüge in der Innenstadt könnten auch im 16. Jh. schon so ausgesehen haben, auch das *Museum (April–Sept. Di–So 9–17, Okt.–März Mi–Sa 9–17 und So 13–17 Uhr | Nám. Mikuláše z Husi 44 | husitskemuzeum.cz).* erinnert heute noch an diese Zeit. Ein Gourmet-Menü mit Logenblick auf den Stadtplatz kriegst du im Restaurant *Goldie* *(tgl. | Žižkovo nám. | Tel. 380 90 09 00 | hotelnautilus.cz | €€€). H6*

INSIDER-TIPP
Luxus auf dem Teller

MÄHREN

SONNIGE WEINBERGE, BELEBTE PARTYMEILEN

In Mähren findest du Obstwiesen und Weinhänge ebenso wie steile Gebirge. Und ganz im Osten zeigen sich die Wunden der Schwerindustrie und des Bergbaus – gerade in diesen Gegensätzen liegt der Reiz des süd-östlichen Landesteils.

Entlang der slowakischen Grenze ziehen sich die Beskiden, ein Gebirgszug, dessen Aussehen von kleinen Ortschaften mit einfachen Holzkirchen geprägt wird. Im Norden liegt das Altvatergebirge mit seiner rauen Schönheit und im Südwesten die Böhmisch-Mährische

Trauben statt Hopfen: Mähren ist Weinbaugebiet

Höhe mit den gewellten Hügeln. Im klimatisch milden Süden liegen ausgedehnte Weinbaugebiete mit Winzerkellern und Weinfesten. Die drei größten Städte – Brünn, Olomouc und Ostrava – bieten ein reichhaltiges kulturelles Leben. Wenn du durch Mähren reist, wird dich schnell die Herzlichkeit der Menschen begeistern. Und du wirst staunen, welche Attraktionen hier schlummern – vom wildromantischen Freilichtmuseum bis zur Kahnfahrt durch Höhlen, von der barocken Wallfahrtskirche bis zum größten Landschaftspark Europas.

MÄHREN

MARCO POLO HIGHLIGHTS

★ **VILLA TUGENDHAT**
Weltkulturerbe: ein Denkmal der modernen Architektur in Brünn ➤ S. 107

★ **KROMĚŘÍŽ (KREMSIER)**
Barocke Blumenpracht und ein Schloss zum Verlieben ➤ S. 110

★ **TELČ (TELTSCH)**
Einen schöneren Marktplatz gibt es nirgendwo in Mitteleuropa ➤ S. 98

★ **VALAŠSKÉ MUZEUM V PŘÍRODĚ (WALACHISCHES FREILICHTMUSEUM)**
Mährisches Leben wie vor Jahrhunderten ➤ S. 117

★ **TŘEBÍČ (TREBITSCH)**
Das einzige jüdische Denkmal außerhalb Israels, das von der Unesco geschützt ist ➤ S. 99

★ **LEDNICKO-VALTICKÝ-AREAL (AREAL EISGRUB-FELDBERG)**
Der größte Landschaftspark Europas mit Schlössern und Tempeln ➤ S. 105

★ **HRAD BOUZOV (BURG BUSAU)**
Eine vollkommene Burg mit Zugbrücke und Rittersaal ➤ S. 115

★ **STODOLNÍ**
Eine ganze Straße in Ostrava wird nachts zur Partymeile ➤ S. 116

★ **OLOMOUC (OLMÜTZ)**
Prachtvolle Bischofsstadt mit barocker Dreifaltigkeitssäule ➤ S. 112

★ **ZNOJMO (ZNAIM)**
Sonnenverwöhnte historische Weinstadt ➤ S. 101

TELČ (TELTSCH)

J6–7 Makellos wie eine perfekte Kulisse wirkt der Ortskern von ★ Telč: Um einen länglichen Platz gruppieren sich die herrlichsten Renaissancehäuser, ausgestattet mit Arkadengängen und in den vergangenen Jahren lückenlos renoviert.

Das ganze Zentrum, das malerisch von Teichen umrahmt ist, stammt aus dem 16. Jh., als nach einem Großbrand die Stadt komplett neu aufgebaut werden musste. Seit 1992 steht der Ort mit den 6000 Ew. auf der Unesco-Welterbeliste. Telč diente schon oft als Kulisse für historische Filme.

SIGHTSEEING

NÁMĚSTÍ ZACHARIÁŠE Z HRADCE (ZACHARIASPLATZ)

Das Herz von Telč. Jedes einzelne umstehende Haus ist ein kleines Kunstwerk für sich. Durchbrochen wird die harmonische Reihe von Kirchen: Am südlichen Ende steht die Heilig-Geist-Kirche (Kostel sv. Ducha) mit ihrem romanischen Turm, gegenüberliegend das Jesuitenkolleg und die Jakobskirche (Chrám sv. Jakuba).

ZÁMEK (SCHLOSS)

Seit dem 16. Jh. gab es unter den Besitzern keine nennenswerten Erbstreitigkeiten mehr, das Schloss blieb seither in Familienbesitz. Dadurch ist es weitgehend original erhalten und eines der wenigen Schlösser im ur-

Die Renaissancehäuser in Telč zeigen sich von ihrer schönsten Seite

sprünglichen Renaissancestil. *Zeiten variieren saisonal und nach gewählter Führung | zamek-telc.cz | ⏲ 40–60 Min.*

ESSEN & TRINKEN

U ČERNÉHO ORLA

Das Interieur ist zwar etwas angestaubt, aber bei gutem Wetter sitzt du wunderbar draußen auf dem Platz. Auf der Karte stehen die tschechischen Klassiker. *Tgl. | Nám. Zachariáše z Hradce 7 | Tel. 5 67 24 32 22 | cernyorel.cz | €*

CAFÉ FRIENDS

Beliebtes Bistro und Café mit hervorragendem Gebäck, das hier noch selbst gemacht wird. *Mi–So | Palackeho 25 | €*

SPORT & SPASS

Eine wunderbare Radroute durch die südmährische Landschaft führt 30 km rund um den Ort. Los geht's auf der ausgeschilderten Radroute 16 nach Zadní Vydří, dann entlang der Route 5124 nach Červený Hrádek, anschließend über die Straße 407 zum Kloster in Nová Riše. Über den Aussichtsturm in Oslednice fährst du wieder nach Telč.

RUND UM TELČ

1 SLAVONICE (ZLABINGS)

25 km/25 Min. von Telč (Auto)

Und schon bist du in Übersee: „Böhmisches Kanada" nennen die Tschechen die unwirklich schöne Landschaft an der Grenze zu Österreich. Highlight ist das Renaissancestädtchen Slavonice, das im Sommer von Radtouristen überspült wird. Einen Radverleih und Infos zu Touren gibt es bei der *Touristinfo (Nám. Míru 480 | slavonice-mesto.cz).* *J7*

TŘEBÍČ (TREBITSCH)

K6 **Die ★ Stadt (39 000 Ew.) ist eine Perle Mährens mit großer Geschichte.**

Die Altstadt mit ihren Renaissancebauten ist ansehnlich, aber die Reise

Hatte großzügige Mäzene im 12. Jh.: die Basilika St. Prokop

lohnt sich vor allem wegen der beiden Attraktionen, denen Trebitsch seinen Status als Unesco-Welterbe verdankt: zum einen wegen des früheren jüdischen Ghettos mit dem jüdischen Friedhof, zum anderen wegen der mächtigen Basilika zu Ehren des Hl. Prokop aus dem 13. Jh., die zu Europas bedeutendsten Sakralbauten zählt.

SIGHTSEEING

KARLOVO NÁMĚSTÍ (KARLSPLATZ)

Auf dem zentralen Platz fällt vor allem das Bemalte Haus (Malovaný dům, Nr. 53) vom Ende des 16. Jhs. mit einer fein ausgearbeiteten Sgraffito-Verzierung auf. Etwas abseits steht der 35 m hohe Stadtturm (Městská věž).

BAZILIKA SV. PROKOPA (BASILIKA ST. PROKOP)

So wuchtig ist die romanisch-gotische Basilika, dass sie auch auf Nicht-Gläubige tiefen Eindruck macht. Schau dir unbedingt auch die von Säulen getragene, geheimnisvolle Krypta an. *Jan.–Juni und Sept.–Nov. tgl. 9–17, Juli, Aug. tgl. 9–18, Dez. tgl. 9–16 Uhr, nur mit Führung (zu jeder vollen Stunde)*

ŽIDOVSKÁ ČTVRŤ A ŽIDOVSKÝ HŘBITOV (JÜDISCHES VIERTEL UND JÜDISCHER FRIEDHOF)

Eingekeilt zwischen dem Fluss Jihlava und einem Felsen prägen schiefe, niedrige Häuser, verwinkelte Gassen und schmale Fußwege das frühere Ghetto, in dem die Juden seit dem 14. Jh. separiert wurden. Von den beiden Synagogen ist noch die *Hintere Synagoge (Zadní synagoga | Öffnungszeiten wie die Basilika | Subakova 1)* mit ihren ursprünglichen Wandmalereien zugänglich. Etwas außerhalb liegt der *jüdische Friedhof (über die Hrádek-Straße | So–Fr März–Okt. 9–18, Nov.–Feb. 9–16 Uhr)*: Mit Efeu überrankt, zieht er sich einen Hügel hinauf.

ESSEN & TRINKEN

OBÝVÁK

„Wohnzimmer" nennen die Betreiber ihr Bistro, und das passt: Kleiner Raum, gemütliche Sessel, Sandwiches und Wraps, dazu guten Kaffee. *Tgl. | Karlovo nám. 52 | Tel. 737 29 38 43 | obyvakbistro.cz | €*

U ŽIDOVSKÉ BRÁNY
Koscheren Wein und koschere Kekse gibt es in diesem Café im einstigen Judenviertel, dazu jede Menge verlockender Torten. *Tgl. | Leopolda Pokorného 10/3 | uzidovskebrany.cz | €*

CENTRUM LIHOVAR
Gutes Vorzeichen für ein Restaurant: In der Fabrik ein paar Minuten außerhalb des Zentrums war früher einmal eine Schnapsbrennerei. Heute geht es weniger hochprozentig zu: Nebenan wird Bier gebraut. Das junge Restaurant bietet klassische böhmische Küche, aber auch Burger. *Tgl. | Nad Zámkem 7 | Tel. 776 35 08 50 | restaurace-lihovar.cz | €€*

RUND UM TŘEBÍČ

2 ŽĎÁR NAD SÁZAVOU (SAAR)
50 km/1 Std. von Třebíč (Auto)
Eine einzige Sehenswürdigkeit lohnt die weite Aneise: Die Wallfahrtskirche des hl. Johannes von Nepomuk auf dem Grünen Berg (Poutní kostel sv. Jana Nepomuckého na zelené hoře). Sie ist ein barockes Wunderwerk Giovanni Santinis aus dem Jahr 1722. Kirche und Wandelgang haben eine fünfzackige Form, eine Kuriosität unter europäischen Sakralbauten, die deshalb auf der Unesco-Welterbeliste steht. *Mai–Sept. tgl. 9–17, April, Okt. Sa/So 9–17 Uhr | zelena-hora.eu |* *K5*

ZNOJMO (ZNAIM)

L7–8 **Die inoffizielle ★ Hauptstadt des mährischen Weins liegt malerisch an der Stelle, an der der Fluss Dyje (Thaya) aus den tiefen Tälern der Umgebung in die Ebene hineinfließt.**
Rund um Znojmo (36 000 Ew.) kannst du auf zahlreichen Radwegen durch die weitläufigen Weinberge radeln. Die vielen kleineren Weingüter, die seit Generationen hier verwurzelt sind, haben sich vor allem auf Weißwein spezialisiert. Die Gegend um Znojmo ist die traditionsreichste Weinregion in Tschechien. Zum Erfolg der Winzer trägt vor allem die Sonne bei, die fast nirgendwo in Tschechien so häufig scheint wie in dieser Region. In der Stadt selbst locken historische Plätze und eine rührige Gastronomie.

SIGHTSEEING

ALTSTADT
Den schönsten Blick hast du von der Burg aus. Heute braut hier die örtliche Brauerei Hostan ihr Bier. Du siehst unter dir den Fluss und vor dir die Altstadt mit der gotisch-barocken Nikolauskirche und der kleinen Wenzelskapelle (Svatováclavská kaple). Rund um die beiden zentralen Plätze Masa-

Wer braucht schon GPS: Für Orientierung ist gesorgt im Nationalpark Podyjí

rykovo und Horní náměstí, stehen Häuser aus der Gotik, der Renaissance und der Romanik. Wahrzeichen ist der Rathausturm mit zweistufiger Spitze in fast 80 m Höhe – ein toller Aussichtspunkt. *Mai, Juni–Sept. tgl. 9–17, Juli, Aug. tgl. 9–18, Okt.–April Di–So 10–16 Uhr*

ROTUNDA SVATÉ KATEŘINY (ROTUNDE DER HL. KATHARINA)

Die Kapelle ist das älteste erhaltene Überbleibsel aus dem 11. Jh., als das Geschlecht der Přemysliden das Sagen hatten. Mehr als 800 Jahre alte Wandmalerei zeigt biblische Motive und Szenen aus der Landesgeschichte. *Mai–Sept. Di–So 9–17, April, Okt. Sa, So 9–17 Uhr, wenn es im Gebäude zu warm oder zu feucht wird, bleibt es geschlossen | Hradní 1 | muzeumznojmo.cz*

ZNOJEMSKÉ PODZEMÍ (ZNAJMER UNTERGRUND)

Vier Jahrhunderte lang haben die Einheimischen Gänge als Lager- und Schutzräume ausgehoben. Mehr als 30 km misst das unterirdische System, das stellenweise in vier Etagen verläuft. 1 km davon ist zugänglich. Wenn du es gern actionreich hast, reservier eine (ganz offiziell so benannte) „Adrenalin-Tour“: über Kriech-Pfade, durch enge Durchlässe, Wasseradern und über nasse Leitern bewegst du dich dann im Dunkeln voran. Unbedingt vorher reservieren! *Öffnungsz. Sommer meist 9–17 Uhr, s. Website | Slepičí trh 2 | znojemskabeseda.cz | je nach Route ⏲ 1 Std.–2,5 Std.*

INSIDER-TIPP
Abenteuertour unter der Erde

ESSEN & TRINKEN

LA CASA NAVARRA
Die Küche ist mediterran, das Ambiente elegant-historisch. Der perfekte Ort für einen entspannten Abend. *Tgl. | Kovářská 10 | Tel. 739202815 | lacasanavarra.cz | €–€€*

KÁVA NA KNOPP
Café mit eigener Rösterei, minimalistischem Interieur und jungem Studenten-Publikum. *Mo–Sa 10–17 Uhr | Malá Michalská 6 | kavanaknopp.cz*

WINE BAR CHATKA
Stylish-moderne Bar, deren Einrichtung dem Wein die Hauptrolle überlässt. *Mi–So | Masarykovo nám. 14 | Tel. 775678922 | winebarchatka.cz | €*

SHOPPEN

Fachgeschäfte, Boutiquen und Winzer bieten ihre Tropfen an. Trocken und mineralisch sind die meisten Weine. Im Weingut *Znovín (über die Klašterní-Straße | znovin.cz)* kannst du in einem früheren Kloster verkosten.

RUND UM ZNOJMO

3 VRANOVSKÁ PŘEHRADA (VRANOV-STAUSEE)

20 km/20 Min. von Znojmo (Auto)

Per Rad gelangst du am Ufer der Thaya entlang in etwa 2 Stunden über den Ort Bezkov zum Vranov-Stausee. Für Wasserfans ist der 30 km lange See ideales Ziel mit Badestellen, Bootsverleih und Wassersportangeboten. In Vranov nad Dyjí (Frain an der Thaya) gibt es eine Badestelle und Angelmöglichkeiten *(Angelerlaubnis erhältlich im Rathaus, 400–600 Kč pro Tag)*.

Beeindruckend ist das barocke Schloss Vranov, das über einem steil abfallenden Berghang thront. *K7*

4 NÁRODNÍ PARK PODYJÍ (NATIONALPARK PODYJÍ)

16 km (20 Min.) von Znojmo (Auto) bis Čižov

Der Fluss Dyje (Thaya) schlängelt sich noch ganz naturbelassen zwischen Znojmo und Vranov durch die bewaldete Landschaft. Im Gebiet liegt am Berg Šobes einer der ältesten Weinhänge Europas. Radelnd lässt sich das Tal am besten erkunden. Eine schöne Rundtour führt etwa von Čižov durch den Podyjí-Park in den angrenzenden Thaya-Nationalpark auf die österreichische Seite nach Hardegg *(knapp 40 km)*. Das Infozentrum liegt in Čižov. *nppodyji.cz | K7–8*

MIKULOV (NIKOLSBURG)

M8 **Schon die Anfahrt ist ein Erlebnis: Mikulov liegt mitten in den Pálava-Hügeln, einer sanft geschwungenen Landschaft im Sü-**

den Mährens, die ganz dem Weinbau gewidmet ist.
In der Stadt mit ihren 8000 Ew. pulsiert das Leben an Sommertagen wie in einer Großstadt mit mediterranem Flair, die Fußgängerzone lockt Einheimische und Touristen an. Sie kommen wegen der pittoresken Altstadt und wegen des beeindruckenden Schlosses, das viel zu groß geraten scheint für diesen überschaubaren Ort.

SIGHTSEEING

DIETRICHSTEINSKÁ HROBKA (DIETRICHSTEINER GRUFT)

Im 19. Jh. wurde die St.-Anna-Kirche am Hauptplatz zur Gruft der Adelsfamilie Dietrichsteiner umgewidmet. Hier sind 45 Särge aufgebahrt. Das ursprünglich aus Kärnten stammende Geschlecht stellte neben Fürsten zwischenzeitlich auch den Bischof von Olmütz. *April–Juni, Sept. tgl. 10–17, Juli–Aug. tgl. 9–18, Okt. Sa, So 10–16 Uhr | Náměstí*

JÜDISCHES MIKULOV

Der *jüdische Friedhof (Juni So–Fr 10–17, Juli, Aug. So–Fr 10–18, Okt. So 11–16 Uhr | Hřbitovní nám)* schmiegt sich malerisch an einen Hügel im Norden der Altstadt. Die etwa 2000 erhaltenen Grabsteine zeugen von der einstigen Bedeutung der jüdischen Gemeinde, die zwischenzeitlich zu den größten in ganz Tschechien zählte. Ihre Geschichte zeichnet eine Ausstellung in der früheren *Synagoge (April, Okt., Nov. Fr–So 9–12 und 13–16 Uhr, Mai–Sept. Di–So 9–12 und 13–17 Uhr, Juli, Aug. tgl. | Husova 12)* nach.

Hat in seiner Geschichte viele Herrscher kommen und gehen sehen: Schloss Mikulov

SVATÝ KOPEČEK (HEILIGER HÜGEL)

Auf einem kargen, felsigen Hügel neben der Stadt steht die Wallfahrtskirche des heiligen Sebastian, zu dem sich ein Passionsweg hinaufwindet. Für den Ausblick lohnt sich die Tour, die dich bei Sonnenschein allerdings zum Schwitzen bringen wird.

ZÁMEK (SCHLOSS)

Mit seinen Aussichtsterrassen, etlichen Innenhöfen und mehreren Türmen ist das Schloss die unbestrittene Dominante der Stadt. Es war das Prestigeprojekt des Olomoucer Bischofs Ferdinand Dietrichstein, der das ursprüngliche Renaissanceschloss im barocken Stil erweitern ließ. Gärten und Terrassen sind frei zugänglich. Im Innern sind ein wenig aussagekräftiges Regionalmuseum und eine Weinbau-Ausstellung untergebracht. *April, Okt., Nov. Fr–So 9–16, Mai, Juni, Sept. Di–So 9–17, Juli, Aug. tgl. 9–18 Uhr | Zámek 1 | rmm.cz*

ESSEN & TRINKEN

SOJKA

Ein Restaurant mit angeschlossenem Lädchen, das auf regionale Bio-Zutaten setzt. Mit Blick auf den Hauptplatz, *Tgl. | Nám. 10 | Tel. 518327862 | sojkaaspol.cz | €*

CAFÉ FARA

Architektonisch und kulinarisch herausragendes Landgasthaus 5 km nördlich in Klentnice. *Klentnice 166 | Tel. 725217962 | cafefara. cz | €€*

RUND UM MIKULOV

5 ARCHEOPARK

12 km/15 Min. von Mikulov (Auto)

Das spektakuläre Museum im Ort Pavlov zeigt archäologische Ausgrabungen – und weil der Neubau passenderweise selbst halb vergraben ist, erhielt er etliche Architekturauszeichnungen. *April, Okt., Nov. Fr–So 9–16, Mai, Juni, Sept. Di–So 9–17, Juli, Aug. tgl. 9–18 Uhr | 23. dubna 265 | Pavlov | archeoparkpavlov.cz |* *M8*

6 LEDNICKO-VALTICKÝ-AREAL (EISGRUB-FELDBERG-AREAL) ★

14 km/15 Min. von Mikulov (Auto)

Was man so macht, wenn man die Langeweile vertreiben will: Die Adelsfamilie der Liechtensteiner ließ einen 250 ha großen Park anlegen, den größten in Europa. Mit seinen Seen, Inseln, Lustschlösschen, Pavillons, Tempeln und Aussichtstürmen wirkt er wie ein Freizeitpark, nur ohne Achterbahn. Die Dominante bilden die beiden Schlösser Lednice (Eisgrub) und Valtice (Feldberg). Zur Besichtigung steigst du am besten in eine Kutsche (vor Ort werden Fahrten angeboten) oder leihst dir ein Rad (tschechisch: *půjčovna kol*) z.B. in Lednice *(Břeclavská 366 | Tel. 776625817).*

Im Kellergewölbe des Schlosses Valtice betreibt das *Nationale Weinzentrum (Di–Do 9.30–17, Fr, Sa 10.30–18, Juni–Sept. auch So 10.30–17 Uhr | Zámek 1 | vinarskecentrum.cz)* eine einmalige Vinothek. Hier kannst du dich im prall gefüllten Weinkeller selbst zur Degustation begeben. M8

INSIDER-TIPP
An der Quelle

7 VELKÉ BÍLOVICE

25 km/25 Min. von Mikulov (Auto)

Nach einem Streifzug durch die Weinberge der Winzergemeinde und dem faszinierenden Blick vom gut ausgeschilderten Aussichtspunkt Hradištek bestellst du dir dein Glas Wein am besten in der Winzergasse Pod Předníma. Dort liegt traditionell ein Weinkeller neben dem anderen.

Nüchtern (in Tschechien gilt die 0-Promille-Grenze) lohnt sich ein Abstecher in den Ort Čejkovice ein paar Kilometer weiter: Dort unterhält der Gewürzhersteller *Sonnentor (Příhon 943, Čejkovice | Tel. 5 18 36 26 87 | sonnentor.cz)* ein großes Werk mitsamt Gewürz-Erlebnispfad, Werksverkauf und idyllischem Café. M7

BRNO (BRÜNN)

M6 **Brünn ist eine kraftvolle Metropole, beeinflusst von zwei Städten: von Prag und von Wien, die beide etwa gleich weit entfernt sind.**

In Sachen Nachtleben braucht die 400 000-Ew.-Stadt keinen Vergleich mit weitaus größeren Orten zu scheuen: Brünn ist rund um die Uhr lebendig, und die hiesigen Studenten, Gastronomen und Künstler setzen alles daran, Prag zu übertrumpfen. Bei aller Moderne zeigt sich in Mährens Hauptstadt auch immer wieder die Tradition, etwa in den Straßencafés, die den Wiener Einfluss verraten.

SIGHTSEEING

CHRÁM SV. PETRA A PAVLA (DOM ST. PETER UND PAUL)

Den Dom auf dem Petrov-Hügel hast du vermutlich schon gesehen, ohne es zu wissen: Er ist auf den 10-Kronen-Münzen abgebildet – passend zu seiner Bedeutung als geistlicher Mittelpunkt des katholischen Mähren. Dass die Glocken hier bereits um 11 Uhr läuten, erinnert an eine historische Finte: Als die Schweden Brünn belagerten, sagte ihr entnervter General, er werde unverrichteter Dinge wieder abziehen, wenn er die Stadt nicht bis zum Mittagsläuten erobert habe. Und so setzten die findigen Brünner die Glocken einfach eine Stunde früher in Gang. Vom Vorplatz aus hast du einen wunderbaren Blick.

WOHIN ZUERST?

Der **Hauptbahnhof** ist ein guter Startpunkt, denn nur wenige Schritte entfernt beginnt die Fußgängerzone in der Altstadt. Auch die überregionalen Busse halten hier. Dein Auto kannst du im Parkhaus des Einkaufszentrums gleich hinter dem Hauptbahnhof abstellen. Die Zufahrt führt über die Straße Uzká.

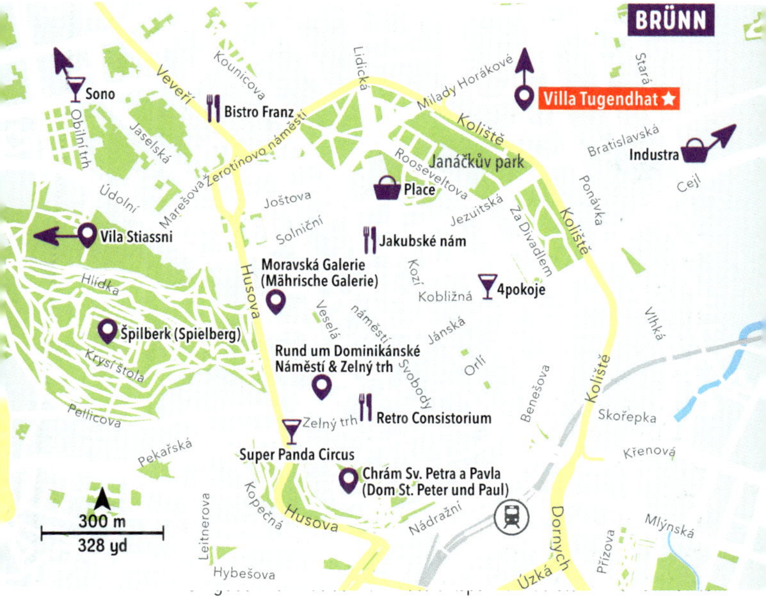

MORAVSKÁ GALERIE (MÄHRISCHE GALERIE)

Das größte Museum Mährens stellt seine beachtliche Kunstsammlung in Gebäuden aus, die schon für sich genommen sehenswert sind – und Eintritt zu bezahlen, ist freiwillig. Der Hauptsitz ist der *Pražákuv palác (Husova 18)*, der vor allem der zeitgenössischen Kunst gewidmet ist. Sakrale und gotische Kunst wird im *Mistodržitelský palác (Moravské nám. 1 a)* gezeigt. Das *Kunstgewerbemuseum (Husova 14)* ist das dritte der großen Häuser. *Jeweils Mi–So 10–18, Do 10–19 Uhr | moravska-galerie.cz*

ŠPILBERK (SPIELBERG)

Burg Spielberg thront, fast bedrohlich wirkend, überm Zentrum. Gegründet im 13. Jh. war die Festungsanlage viele Jahre Sitz der mährischen Herrscher. Heute befinden sich in ihr mehrere Museen, unter anderem das Stadtmuseum. Du solltest den *Aussichtsturm* besteigen – und dann in die Kasematten abtauchen, ein labyrinthartiges Gangsystem. Zur Zeit der Monarchie galt es als sicherstes Gefängnis; auch die Nazis missbrauchten die Stollen. *Alle Museen Di–So 9–17 Uhr | spilberk.cz*

VILLA TUGENDHAT ★

Der Paradebau des späteren Bauhaus-Stararchitekten Ludwig Mies van der Rohe: Vollendet 1930, vereint die Villa alle Elemente der modernen Architektur und genießt Weltkulturerbe-Status. Auftraggeber war die jüdische Industriellenfamilie Tugendhat, die später ins Exil fliehen musste. Das Gebäude zeigt sich zweckmäßig-schlicht von der Straße aus, von innen aber luxuriös und elegant. *Unbedingt einen Termin reservieren, Wartezeit teilw. bis zu einem halben Jahr | Černopolní 45 | Tel. 5 15 51 10 15 | tugendhat.eu | je nach gewählter Führung ⏲ 60–90 Min.*

VILA STIASSNI

Die Industriellenfamilie Stiassni ließ sich das hochmoderne Wohnhaus in der Zwischenkriegszeit in einen drei Hektar großen Park bauen: Ein prachtvolles Gebäude im funktionalistischen Stil, großartig nicht nur für Architekturliebhaber. Später wurde das repräsentative Gebäude von der Regierung genutzt. Anders als bei der Villa Tugendhat klappt ein Besuch hier ohne Warteschlangen. *Meist Fr–So, Juli und Aug. tgl. | Hroznová 14 | Tel. 7 78 54 59 93 | vila-stiassni.cz | ⏲ 60 Min.*

INSIDER-TIPP
Architekturjuwel

RUND UM DOMINIKÁNSKÉ NÁMĚSTÍ & ZELNÝ TRH

Unterhalb des Petrov-Hügels gelangst du in das lebendige Viertel um den Dominikaner-Platz und den Krautmarkt mit jeder Menge Restaurants. Schau mal in das *Dům Pánů z Kunštátu (Haus der Herren von Kunstat, Di–So 10–18 | Dominikánska 9)* – ein Palais als Ausstellungsraum für junge Künstler. Eine makabere Sehenswürdigkeit ist die *Kapuzinergruft (Kapucínská hrobka)* am Kapucinské náměstí, in der mumifizierte Tote zu sehen sind.

ESSEN & TRINKEN

RETRO CONSISTORIUM

Der Name täuscht: Der Laden ist stylish und vor allem kombiniert er Restaurant und (Wein-)Bar. *Tgl. | Mečová 4 | Tel. 5 43 21 01 75 | retroconsistorium.cz | €€*

BISTRO FRANZ

Stylishes Ambiente, junges Publikum, Lebensmittel aus biologischem Anbau: Hier wird böhmische Küche der anderen Art geboten. *Di–So | Veveří 14 | Tel. 7 20 11 35 02 | bistrofranz.cz | €*

JAKUBSKÉ NÁM

Der Jakobsplatz ist Brünns gastronomisches Herz: In jedem Haus gibt's eine Kneipe, ein Bistro oder ein Café – lass dich einfach treiben, hier ist immer was los – und jeder wird satt.

SHOPPEN

PLACE

Auf Mode, Kosmetik und Schmuck von tschechischen Designern ist dieses Geschäft mitten in der Altstadt spezialisiert. *Moravské nám. 4 | placestore.cz*

INDUSTRA

Ein Ort, an dem sich Kunst, Design und Technologie treffen – so nennt sich das Projekt Industra selbst, und fest steht: Im kleinen, aber feinen Shop voll Accessoires von Handtaschen bis zu Spielsachen merkt man, dass die Mischung aufgeht. *Lazaretní 1 | industra.space*

Palisander und Onyx-Marmor: Die Innengestaltung der Villa Tugendhat ist luxuriös

AUSGEHEN & FEIERN

4POKOJE

Das braucht Kondition: Bis 5 Uhr morgens hat die Bar auf, dann wird zwei Stunden aufgeräumt und um 7 Uhr schauen die ersten Frühstücker rein. Ob Tag oder Nacht: Die Atmosphäre in der Restaurant-Bar ist immer super. *Tgl. | Vachova 6 | €–€€*

SUPER PANDA CIRCUS

Man muss schon wissen, wo man sucht: Eine unscheinbare Tür ohne Schild führt zu diesem psychedelischen Bar-Meisterwerk mit außergewöhnlichen Cocktails. Klein und immer gerammelt voll. Keine Reservierungen. *Mo–Sa | Šilingrovo nám. 3 | superpandacircus.cz*

INSIDER-TIPP
In ist, wer drin ist

SONO

Das Haus mit der markanten Riesenkugel ist Musikklub, Hotel, Restaurant, Tonstudio und Plattenlabel – alles funktioniert nebeneinander. *Restaurant tgl., Klub je nach Programm | Veveří 113 | Tel. 5 11 18 97 90 | sonocentrum.cz*

RUND UM BRNO

8 MORAVSKÝ KRAS (MÄHRISCHER KARST)

35 km/40 Min. von Brno (Auto)

Das von Karstelementen geprägte Mittelgebirgslandschaft mit Schluchten, Höhlen und Wasserfällen hat

Gartengeschmack im 17. Jh.: Blumengarten von Schloss Kroměříž

viele schöne Wander- und Ausflugsziele zu bieten. Unbestrittenes Highlight ist die *Punkva-Höhle (Punkevní jeskyně)*. Mach unbedingt eine Führung mit, bei der du per Kahn und zu Fuß in die unterirdische Wunderwelt eintauchst – die Ein- und Ausblicke sind umwerfend. Zugang über die Felsenmühle (Skální mlýn) in Blansko. Touren (vor allem im Sommer) frühzeitig reservieren! *caves.cz* | *1 Std.* | *M6*

INSIDER-TIPP
Ganz legale Unterwelt

KROMĚŘÍŽ (KREMSIER)

N6 **Es war ein größenwahnsinniger Plan, dem die ★ Stadt (30 000 Ew.) an der Morava (March) ihre noch heute sichtbare Pracht verdankt: Sie sollte Wien Konkurrenz machen.**

Dieses Ziel hatte sich nach dem Dreißigjährigen Krieg Karl II. von Liechtenstein-Kastelkorn in den Kopf gesetzt. Er war Bischof von Olmütz und Spross eines der reichsten Geschlechter der damaligen Zeit. Spuren seiner Bemühungen sind noch zu bewundern: etwa der riesige barocke Schlosskomplex, die Kirchen und Bürgerhäuser rings um den Hauptplatz sowie die wunderschönen Gärten.

SIGHTSEEING

ARCIBISKUPSKÝ ZÁMEK (ERZBISCHÖFLICHES SCHLOSS)

Nur mit einer Führung geht es hinein in die historischen Säle, zur Schlossbibliothek und in die Gemäldegalerie. Der Versammlungssaal gilt als einer der schönsten Rokokosäle des Landes.

Und die Sala Terrena, ein einer Höhle nachempfundener Saal im Gartengeschoss, unterstreicht die Leidenschaft des früheren Schlossherrn für Gärten und Parks. *Mai, Juni Sa, So 10–16, Juli, Aug. Di–So 9–16.30, Sept. Di–So 10–14, Okt. Sa, So 10–14 Uhr | Sněmovní nám. 1 | Tel. 5 73 50 20 11 | zamek-kromeriz.cz | je nach gewählter Führung ⏲ 30 Min.–3 Std.*

KVĚTNÁ ZAHRADA (BLUMENGARTEN)

Ein Wunderwerk der Gartenbaukunst: Um eine Rotunde plätschern die Springbrunnen, und die symmetrisch angelegten Beete blenden geradezu mit ihrer Blumenpracht. Zehn Jahre dauerte es im 17. Jh., bis der riesige Garten mit seinen 14 ha endlich zur Zufriedenheit des Bischofs geraten war. *Sommer meist 8–18, Winter 9–15.30 Uhr | Generala Svobody 1 | kvetnazahrada-kromeriz.cz*

ESSEN & TRINKEN

OCTÁRNA

Restaurant mit großer Auswahl an regionalen und internationalen Spezialitäten. Schöner Biergarten. Mit angeschlossenem Hotel *(25 Zi.). Tgl. | Tovačovského 318 | Tel. 5 73 50 56 55 | octarna.cz | €€*

VEGETARIÁNSKÁ RESTAURACE

Geöffnet nur mittags - und die Karte mit vegetarischen Gerichten ist eine gute Abwechslung zur schweren böhmischen Küche. *Mo–Fr | Velké nám. 40 | Tel. 7 37 37 17 10 | v-restaurace.cz | €*

SPORT & SPASS

DĚTSKÝ SVĚT

Ein riesiges Indoor-Areal voller Aktivitäten vom Trampolinspringen bis zum Seilpark gibt es vor den Toren der Stadt. *Do–So 9–18 Uhr | Velehradská 4080 | detskysvetkromeriz.cz*

RUND UM KROMĚŘÍŽ

9 ZLÍN

30 km/30 Min. von Kroměříž (Auto)

Zlín mit 80 000 Ew. ist eine lebendige Studentenstadt – und ein Paradebeispiel für die Industriearchitektur in der ersten Hälfte des 20. Jhs. Ausgerechnet im abgelegenen Mähren entstand eines der ersten Hochhäuser Europas. Auftraggeber war der Schuhbaron Tomas Bat'a, der von Zlín aus sein Schuhimperium aufbaute. Für seine Arbeiter ließ er eine funktionalistische Mustersiedlung bauen, er beauftragte die besten Architekten und ließ sich im Hochhaus seinen Schreibtisch in einen Aufzug einbauen. So konnte er seine Bürotätigkeiten erledigen und nebenbei seine Arbeiter auf jeder Etage kontrollieren. Hochhaus und Büro kannst du besichtigen *(Di–So 10–18 Uhr | teilweise Eintritt frei, häufige Änderungen | Třída Tomaše Bati 1, Gebäude 21)*. Heute ist die Fabrikation nach Asien weitergewandert, von Bat'as Handwerk zeugt nur noch das *Schuhmuseum (Di–Sa 10–18 Uhr | Vavrečkova 7040)*.

Im rekultivierten Industrieareal der ehemaligen Bat'a-Werke findest du die angesagten Lokale. Für einen stylischen Gute-Nacht-Drink geht's in die Lounge-Bar *1931 (tgl. | Nám. Práce 2523 | Tel. 775870182 | bar1931.cz)*. Wenn du beim Essen ganz in die alte Zeit abtauchen willst, in einer einstigen Villa befindet sich heute ein elegantes Restaurant, das Feinschmecker von weither anlockt: *La Villa (tgl. | Stráže 3/61 | Tel. 571612044 | lavilla.cz)*. *O6*

INSIDER-TIPP
Mit Industrieflair

OLOMOUC (OLMÜTZ)

N5 **In Sachen Schönheit kann ★ Olomouc glatt mit Prag konkurrieren – nur ist die Universitätsstadt mit ihren 99 500 Ew. eben ein bisschen kleiner.**

Das Flair im historischen Zentrum ist umwerfend: Du flanierst durch schmale Gassen, stehst vor mächtigen Kirchenfassaden, bewunderst versteckte Innenhöfe – besonders bei abendlicher Beleuchtung ist das ein romantisches Erlebnis. Mit vielen Geschäften, Cafés und Studentenkneipen ist Olomouc eine lebendige Stadt.

SIGHTSEEING

HORNÍ A DOLNÍ NÁMĚSTÍ (OBER- UND UNTERRING)

Neben dem Rathaus (Horní nám.), das mit Renaissanceportal, astronomischer Uhr und 75 m hohem Aussichtsturm besonders hervorsticht, solltest du dir die Dreifaltigkeitssäule (Sloup Nejsvětější Trojice) auf dem Unterring (Dolní nám.) genau anschauen: Im Barockstil sind hier Heiligenfiguren arrangiert, 35 m hoch und unvergleichlich schön. Dieser Säule verdankt Olomouc seinen Status als Unesco-Welterbe.

MUZEUM UMENÍ A ARCIDIECEZNI MUSEUM (KUNSTMUSEUM UND ERZDIÖZESAN-MUSEUM)

Die beiden Museen decken ein Spektrum von Kunst aus dem 12. Jh. bis zu zeitgenössischen Werken ab. Das Erzdiözesan-Museum konzentriert sich auf sakrale Kunst – eines der Highlights ist die goldverzierte Kutsche eines Bischofs. Das Kunstmuseum legt seinen Schwerpunkt auf moderne Gemälde. Sonntags ist der Eintritt frei. *Di–So 10–18 Uhr | Denisova 47 und Václavské nám. 3 | muo.cz*

Sv. Václav: Jedes Detail ist sehenswert

ARCIBISKUPSKÝ PALÁC (ERZBISCHÖFLICHER PALAST)

Der herrliche Prachtbau stammt deutlich erkennbar aus einer Epoche, als der Erzbischof auch über weltliche Macht verfügte. Die Repräsentationssäle sind im Rahmen einer Führung zugänglich. *April, Okt. Sa 10–17, Mai–Sept. Mo–Sa 10–17 Uhr | Wurmova 9 | arcibiskupskypalac.cz | ⏲ 45 Min.*

BOTANICKÁ ZAHRADA (BOTANISCHER GARTEN)

Olomouc gilt als die Stadt der Blumen, nicht nur während des Flora-Festivals im August, zu dem sie in einem Blütenmeer ertrinkt. Der Botanische Garten mit Rosarium und Gewächshäusern liegt auf dem Messegelände. *April, Mai, Sept., Okt. tgl. 9.30–18, Juni–Aug. tgl. 9.30–19, Nov.–März Di–Fr 8–15 Uhr | mehrere Zugänge | flora-ol.cz*

KATHEDRALEN & KLÖSTER

Kirchen gibt es in Olomouc wohin das Auge reicht, die schönsten von ihnen solltest du besuchen: Neben dem neugotischen Wenzelsdom (Katedrála sv. Václava) mit seinem markanten, 100 m hohen Hauptturm sind das die barocke Jesuitenkirche Maria Schnee (Kostel Panny Marie Sněžné) und die ebenfalls in der Barockzeit entstandene St.-Michaels-Kirche (Kostel sv. Michala).

Burg Busau ist eine der meistbesuchten Burgen in Tschechien

ESSEN & TRINKEN

LONG STORY SHORT

Innerhalb kürzester Zeit hat sich dieses Haus zum Hotspot entwickelt. Kernstück ist ein Bistro mit angeschlossener Bäckerei; darüber hinaus gibt es noch ein Hostel. *Tgl. | Koželužská 31 | Tel. 588008278 | longstoryshort.cz | €*

ENTRÉE

Die Tätowierungen von Kopf bis Fuß sind das Markenzeichen des jungen Chefkochs Přemek Forejt, einem Popstar unter den tschechischen Köchen. Im Restaurant sitzt man wie in einem mit Lüstern bestückten Wald. *Tgl. | Ostravská 1 | Tel. 583312440 | entree-restaurant.cz | €€€*

INSIDER-TIPP
Erleuchtung zum Spitzenessen

SPORT & SPASS

PEVNOST POZNANI

In einer früheren Festungsanlage hat die Universität einen Abenteuerpark für Kinder aufgebaut: Rätsel aus der Naturwissenschaft, aufbereitet für kleine und große Kinder. Sept.–Mai *Di–Fr 9–17, Sa, So 9–18 Uhr, Juni–Aug. tgl. 9–17 Uhr | 17. listopadu 7 | pevnostpoznani.cz*

AUSGEHEN & FEIERN

Mittelpunkt des abendlichen Geschehens sind die Kneipen und Pubs in der Straße Mlýnská. Der *Meex-Club (So geschl. | Horní nám. 19 | meex.cz)* ist eine stylishe Disko in der Innenstadt. Beliebter Treffpunkt ist auch die *Brauerei Moritz (Mo–Sa | Nesverova 2 | Tel. 585205560 | hostinec-moritz.cz).*

RUND UM OLOMOUC

10 HRAD BOUZOV (BURG BUSAU) ★

30 km/30 Min. von Olomouc (Auto)
Mittelalterlicher kann eine Burg nicht aussehen: Bis ins 20. Jh. hinein war sie, erbaut im 14. Jh., im Besitz des Deutschen Ritterordens. Der achtete darauf, dass alles an die alte Zeit erinnerte – zuletzt mit einem Umbau im neogotischen Stil zur Wende vom 19. zum 20. Jh. So authentisch-wehrhaft wirkt die Burg noch heute, dass sie regelmäßig als Filmkulisse herhalten muss. Der eindrucksvolle Rittersaal mit gotischen Fenstern, Holzvertäfelung, schummriger Beleuchtung von Kronleuchtern und hölzerner Decke ist Teil des Burgrundgangs. *Startzeiten je nach Führung und Saison, s. Website | Hrad-bouzov.cz | ⏲ 30–120 Min. | 🕮 M5*

11 KARLOVÁ STUDÁNKA (KARLSBRUNN)

70 km/1 Std. 10 Min. von Olomouc (Auto)
Mitten im dicht bewaldeten Altvatergebirge liegt dieser Kurort. Es gibt nur eine Handvoll Häuser, die alle eine schwarze, hölzerne Fassade zeigen. Ein wenig Kurortpracht – es gibt ein Kurhaus ganz aus Holz – ist zu erahnen, vor allem aber ist es hier ländlich-abgeschieden. Idealer Ausgangspunkt für Wanderungen. Infos zu Routen und Unterkunft bei der *Touristeninformation (Karlova Studánka 17 | Tel. 5 54 77 20 04 | kstudanka.cz). 🕮 N4*

OSTRAVA (OSTRAU)

🕮 P4 **Hübsch ist sie nicht, die Industriestadt im Osten Tschechiens – aber sie gewinnt ihren Charme aus dem Leben, das hier, in der drittgrößten Stadt des Landes (315 000 Ew.), pulsiert.**

Nach dem Niedergang der Steinkohleindustrie funktionierten die Einheimischen die alten Minen und Bergwerke in Museen um. Die Prägung Ostravas durch die Arbeiterschaft ist heute noch deutlich zu sehen: Es fehlen die prunkvollen Palais und Bürgerhäuser, die für viele andere mährische Städte typisch sind; stattdessen ist der Baustil funktionaler, und außerhalb des Zentrums reihen sich Industriebrachen und Plattenbauviertel aneinander. Plane auf jeden Fall eine Übernachtung in Ostrava und tauche ins Nachtleben ein.

SIGHTSEEING

WOHIN ZUERST?

Haltestelle Elektra: Der Hauptbahnhof liegt etwas außerhalb des Zentrums. Mit der Straßenbahn (Linie 1, 2, 8 oder 18) kommst du aber schnell zur Haltestelle *Elektra*; von hier aus bist du zu Fuß in wenigen Minuten am zentralen *Masarykovo náměstí*. Einen bewachten Parkplatz im Zentrum gibt es an der Straße *Kostelní*.

ALTSTADT
Das Viertel rund um den Masarykovo náměstí ist das Aushängeschild, hier sind Universität und Fußgängerzone angesiedelt. Ein paar Hundert Meter außerhalb steht das Neue Rathaus (Nová radnice), eine interessante Konstruktion von 1930 mit einem 85 m hohen *Turm (Aussichtsplattform Sommer tgl. 9–19, Winter 9–17 Uhr | Prokešovo nám. 8)*.

LANDEK PARK
Abenteuer garantiert: Per Bergmanns-Aufzug fährst du hinunter in die Grube. Im größten Bergbaumuseum Tschechiens kannst du nachfühlen, unter welchen Bedingungen die Kohlekumpels arbeiten. Das ist der spannendste Teil des Museums; über der Erde gibt es noch Ausstellungen über Bergbautechniken. *Öffnungszeiten und Führungstermine variieren nach Saison, s. Website | Pod Landekem 64 | Tel. 7 24 95 51 21 | dolnivitkovice.cz*

ESSEN & TRINKEN

COMEDOR
Mexikanische Küche, elegantes Interieur, gut besucht. *Tgl. | Zámecká 20 | Tel. 6 01 11 71 15 | comedor.cz | €€€*

RYBÁRNA
Wenn du Fischfan bist, musst du das hier sehen: Großer Fischmarkt mit angeschlossenem Restaurant – keine Candle-Light-Dinner-Atmosphäre, eher Bistrostil. *Mo–Fr | Jiráskovo nám. 3 | Tel. 7 37 73 44 17 | rybarnaostrava.cz | €*

MORAVSKÁ CHALUPA
Restaurant im Stil einer mährischen Berghütte. Erlebnisgastronomie in holzgeschmücktem Ambiente. *Mo–Sa | Musorgského 9 | Tel. 5 96 12 49 37 | €–€€*

AUSGEHEN & FEIERN
Ostravas Nachtleben hat einen einprägsamen Namen: ★ Stodolní – so heißt die autofreie Straße, in der sich in jedem Haus ein Club oder ein Restaurant befindet.

RUND UM OSTRAVA

12 ŠTRAMBERK (STRAMBERG)
38 km/40 Min. von Ostrava (Auto)
Kannibalen aufgepasst: Die örtliche Spezialität heißt Štramberské uši (Stramberger Ohren), benannt nach der Legende, nach der die Tataren im 13. Jh. bei der Besetzung Strambergs ihren Feinden die Ohren abgeschnitten haben sollen. Die Ohren sind eine Art zusammengerollter Lebkuchen, frisch aus dem Ofen natürlich am besten. Auch die Augen kriegen in dem Örtchen etwas geboten: Es ist eines der hübschesten Bergdörfer in den Beskiden. Holzhäuser wirst du in den wenigen Straßen finden, die Bauten um den kleinen Marktplatz sind in einfachem Barockstil gebaut. Über allem thront die Burg, von der noch der Rundturm stehen geblieben ist. *P5*

Nein, kein Freilichtmuseum: erhaltene Blockhäuser im Örtchen Štramberk

13 VALAŠSKÉ MUZEUM V PŘÍRODĚ (WALACHISCHES FREILICHTMUSEUM) ★

52 km/55 Min. von Ostrava (Auto)

Eine Zeitreise mit allem Drum und Dran: Nicht nur alte walachische Dörfchen und ein Mühltal gibt es im Freilichtmuseum, sondern auch Handwerksvorführungen und Folkloretänze. Kinder können dem Schäfer bei der Arbeit zusehen. Seit 1924 landen hier im Museum beim Ort Ort Rožnov pod Radhoštěm die wertvollsten historischen Häuser der weiten Umgebung und werden in herrlich-hügeliger Landschaft aufgestellt. *Öffnungszeiten variieren nach Saison, meist Di–So 9–17 Uhr | Palackého 147 | nmvp.cz, Facebook: VMP Roznov |* *P6*

14 OPAVA (TROPPAU)

32 km/30 Min. von Ostrava (Auto)

Die Pracht der 60 000-Ew.-Stadt zeugt heute noch vom einstigen Reichtum Schlesiens. Rathaus, Jesuitenkolleg, die Backstein-Kirche Mariä Himmelfahrt aus dem 14. Jh. und das Theater – sie alle sind Überbleibsel aus wohlhabenden Epochen. Derzeit ist Opava wirtschaftlich eher ein Sorgenkind. Einen Rekord immerhin hält die Stadt: Das älteste Museum auf dem Gebiet der einstigen Habsburger Monarchie steht hier, das *Slezské zemské muzeum (Schlesisches Landesmuseum | Di–So 9–17 Uhr | Komenského 10 | szm.cz)*, in dem es neben viel Geschichtlichem und viel Lokalkolorit auch immer gut gemachte Sonderausstellungen gibt. *O4*

ERLEBNIS TOUREN

Lust, die Besonderheiten der Region zu entdecken? Dann sind die Erlebnistouren genau das Richtige für dich! Ganz einfach wird es mit der MARCO POLO Touren-App: Die Tour über den QR-Code aufs Smartphone laden – und auch offline die perfekte Orientierung haben.

1 TSCHECHIEN PERFEKT IM ÜBERBLICK

- Jungbrunnen testen und Biersorten probieren
- Kopfüber ins „böhmische Meer" springen
- Durch Städte schlendern und in den Untergrund abtauchen

Karlsbad

Olomouc

810 km

10 Tage, reine Fahrzeit 12 Stunden

Mitnehmen: Badesachen, feste Schuhe
Achtung: Die meisten Sehenswürdigkeiten sind montags geschlossen.

Waldreich: Karlsbad-Panorama von oben

IN FAHRT KOMMEN IN PRÄCHTIGEN KURORTEN

Die Tour beginnt in ❶ Karlsbad ➤ S. 44. Tauche ein in die mondäne Atmosphäre, bummle durch die Kolonnaden, nippe an einer Kurtasse mit Heilwasser – und erlebe vom **Goetheweg** aus das schönste Stadtpanorama. Am Nachmittag fährst du *über die E49 nach* ❷ Bečov ➤ S. 50. Im dortigen **Schloss** ist der Maurusschrein zu bewundern. Am Abend geht es *über die Landstraße 230 nach Chodová Planá* ➤ *S. 48*, wo du die erste von zwei Nächten in der ❸ Brauerei Chodovar ➤ S. 50 verbringst. Vor dem Schlafengehen solltest du dir noch ein Bierbad gönnen und ein typisch böhmisches Gericht im zugehörigen Restaurant.

Zeit für eine Rundtour zu zwei hochkarätigen Attraktionen: Zunächst zur herrlichen ❹ Klosteranlage Teplà ➤ S. 50, die du über die *Fahrt zum Örtchen Vyškov und dann weiter auf der Straße 198 erreichst*. Nur mit einer Führung gelangst du in die unvergleichlich schöne **Barockkirche** und die historische **Bibliothek!** Ein kleines Picknick schmeckt im **Park** am alten Fischteich besonders gut. *Ein paar Kilometer Fahrt (zurück auf der 198 und dann vorbei an Horní Kramolín zur 230) und du*

TAG 1

❶ Karlsbad

24 km

❷ Bečov

29 km

❸ Brauerei Chodovar

18 km

TAG 2

❹ Klosteranlage Teplà

20 km

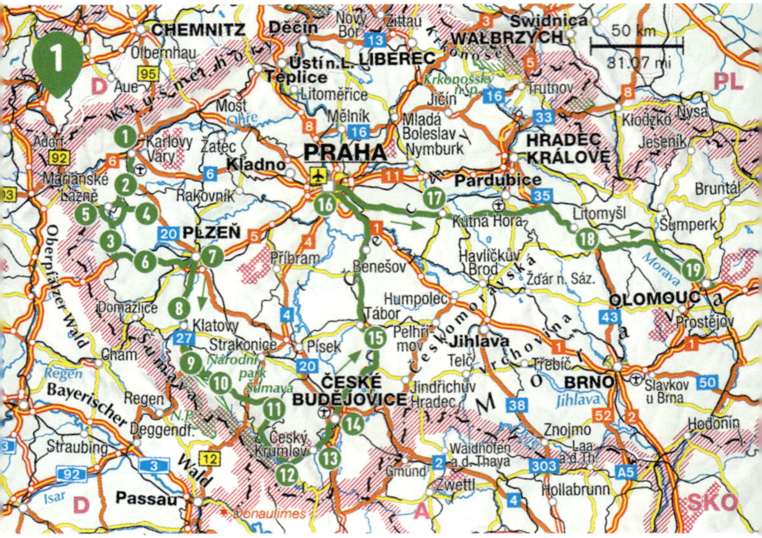

❺ Marienbad

bist in ❺ **Marienbad ➤ S. 48,** dem zweiten weltberühmten Kurort der Tour mit liebevoll renoviertem Zentrum. *Weiter auf der 230 und damit zurück zur Brauerei Chodovar* dauert die Fahrt nur eine Viertelstunde.

TAG 3

43 km

❻ **Kloster Kladruby**

43 km

AUF DEM WEG IN DEN BÖHMERWALD

Von der Autobahn in Richtung Pilsen fährst du nach Kladruby ab – im etwas versteckt gelegenen ❻ **Kloster Kladruby** *(Innenräume nur mit Führung zugänglich, Startzeiten je nach Rundgang untersch., s. klaster-kladruby.cz)* glänzt sie noch auf, die Pracht aus der Habsburger Monarchie. Das Kloster ist quasi als Zeitmaschine zu sehen: Von der Pracht zum Verfall – und derzeit langsam wieder zurück. Am späten Vormittag erreichst du ❼ **Pilsen ➤ S. 50.** Dort lohnt der Besuch in der **Westböhmischen Galerie** mit wechselnden Ausstellungen – und natürlich eine **Brauereibesichtigung.** Für die Nacht bietet sich das zentral gelegene **Hotel Rous** *(hotelrous.cz)* an.

❼ **Pilsen**

TAG 4

46 km

❽ **Klatovy**

Am nächsten Tag machst du dich auf in den Böhmerwald. Folge ab Pilsen der Ausschilderung nach ❽ **Klatovy ➤ S. 84**. Dort solltest du dir die **Katakomben** und die historische Apotheke anschauen. Nach einem kleinen Rundgang durch die Altstadt *fährst du über Petrovice weiter zur* ❾ Bergsynagoge *(Sommer Di–So meist 10–18, Winter Sa, So 10–17 Uhr – besser anrufen | Tel. 3 76 38 31 07 | hartmanice.cz) von Hartmanice.* Eine Ausstellung erzählt vom Leben der Juden in den böhmischen Dörfern. *Der letzte Ort, den du an diesem Tag anfährst, ist* ❿ Kašperské Hory, mitten im Böhmerwald gelegen. Checke im luxuriösen Hotel Kašperk *(hotelkasperk.cz)* ein. Von hier führt ein herrlicher Spazierweg auf die Burg Kašperk mit tollen Ausblicken. Abends kannst du direkt neben deinem Hotel im Böhmerwald-Spa, das zum Parkhotel *(sumavskelazne.cz)* gehört, abtauchen und im Café Nebespán *(tgl. | Námesti 7 | Tel. 6 03 25 55 63 | nebespan.cz | €–€€)* ein Abendessen mit französisch angehauchter Küche genießen.

INSIDER-TIPP
Leckere Melange

❾ Bergsynagoge
12 km

❿ Kašperské Hory

WALDLANDSCHAFT UND SPASS IM WASSER

TAG 5
33 km
⓫ Prachatice

Der wunderbare Böhmerwald-Ort ⓫ Prachatice ➤ S. 90 *ist das erste Ziel des nächsten Tages.* Schlendere in

Pilsen und seine Bierbaukunst – hier muss man einfach Pause machen

46 km

⑫ Naturbadestelle

21 km

⑬ Český Krumlov

Ruhe durch die historischen Gassen – und *fahr dann weiter* über eine der schönsten Strecken des Nationalparks: *Ab Volary führt die Straße 39 kurvenreich durch eine fast menschenleere Landschaft bis zum Lipno-Stausee.* Im Ort *Černá* kannst du an einer gut ausgeschilderten ⑫ **Naturbadestelle** ins Wasser springen, bevor es *dann direkt weiter nach* ⑬ **Český Krumlov** ➤ S. 85 geht. Lass den Tag mit einem Stadtbummel ausklingen. Leg unbedingt eine Pause am **Jesuitengarten** an der Horní-Straße ein – von dort hast du den besten Blick über die Moldau zur Burg.

TAG 6

28 km

⑭ Budweis

62 km

⑮ Tábor

Miete dir gleich am Vormittag ein Kanu, dann hast du die Moldau noch fast für dich allein. Wieder an Land, *brichst du auf nach* ⑭ **Budweis** ➤ S. 88 und schlenderst über den größten historischen Stadtplatz Tschechiens. Ganz in der Nähe bietet sich das **Krajinská 27** für ein Mittagessen an. Anschließend geht es *über die Autobahn 3 weiter in die alte Hussitenstadt* ⑮ **Tábor** ➤ S. 93. Nimm an einer Führung durch den historischen Untergrund teil! Ein romantisches Abendessen erwartet dich im Restaurant **Goldie** ➤ S. 93, wo du im angeschlossenen Hotel danach ins Bett fallen kannst.

TAG 7

91 km

⑯ Prag

DIE HIGHLIGHTS VON PRAG BESUCHEN

Brich früh auf zur Fahrt über die E65 nach ⑯ **Prag** ➤ S. 70: Die **Burg**, die **Karlsbrücke** und das magische **jüdische Viertel** solltest du dir nicht entgehen lassen. Sehr schön sind **Kutschfahrten** in beschaulichem Tempo an den prächtigen Fassaden vorbei *(Kutscher stehen auf dem Altstädter Ring, Fahrten ab 800 Kč für die gesamte Kutsche).* Und wie wäre es mit einem Besuch im **Museum Kampa** *(tgl. 10–18 Uhr | U Sovových mlýnů 2 | museumkampa.cz)*? Es ist auf zeitgenössische Kunst spezialisiert – und aus den Ausstellungsräumen hat man immer wieder faszinierende Ansichten von Moldau und Altstadt. Bevor du am Abend dein Hotel ansteuerst, solltest du noch durch die erleuchteten Gassen spazieren.

TAG 8

75 km

⑰ Kutná Hora

IN DIE ALTE SILBERSTADT

Die Reise führt weiter zunächst gut 75 Kilometer über die Landstraße Nr. 2 ostwärts nach ⑰ **Kutná Hora** ➤ S.

77. Schau dir den alten Silberstollen an, den St.-Barbara-Dom – und das Beinhaus. *Am späten Nachmittag geht es weiter nach* ⑱ Litomyšl ➤ S. 64. Checke hier im Hotel Aplaus *(hotelaplaus.cz)* ein: Im romantischen Klostergarten, der direkt vom Hotel aus zugänglich ist, kannst du den Tag gemütlich ausklingen lassen.

88 km

⑱ Litomyšl

MÄHRENS HAUPTSTADT GENIESSEN

TAG 9–10

Zeit für weitere Sehenswürdigkeiten in Litomyšl: besonders der Marktplatz und das Schloss lohnen einen Besuch. *Am Nachmittag fährst du weiter* in Mährens Hauptstadt ⑲ Olomouc ➤ S. 112. Lass die romantische Atmosphäre auf dich wirken! Am Abend empfiehlt sich die Einkehr in die Brauerei Moritz ➤ S. 114. Wenn du ein Zimmer in der Pension Křivá *(pension-kriva.cz)* buchst, liegt dir die Altstadt zu Füßen. Nimm dir zum Abschluss der Reise noch Zeit, Olomouc eingehender zu erkunden: Den Erzbischöflichen Palast und den Botanischen Garten ➤ S. 113 sowie das Kunstmuseum ➤ S. 112 solltest du dir ansehen.

86 km

⑲ Olomouc

2 DURCH DAS HERZ DES BÖHMERWALDS

- ➤ Über Hügel zur Moldauquelle
- ➤ Picknick mit Blick aufs Moor
- ➤ Bis nach Bayern radeln

Železná Ruda

Waldkirchen

153 km

3 Tage,
reine Fahrzeit 15 Std.

Leicht

1700 m

Mitnehmen: Badesachen
Achtung: Die Tour ist beschildert mit *cyklotrasa 33*. Rückfahrt per Bus und Bahn ab Waldkirchen unbedingt vorab organisieren: *dbregiobus-bayern.de* und *bahn.de*

TAG 1

❶ Železná Ruda

23 km

❷ Picknick

15 km

❸ Modrava

INS HERZ DES NATIONALPARKS

Starte in ❶ **Železná Ruda** (2000 Ew.) und tauche schon nach den ersten Kilometern in den Böhmerwald ein. Im Ort Prášily kaufst du dir Proviant und radelst weiter bis kurz vor der *Einfahrt in den Ort Srní* in einer scharfen Rechtskurve am Wegrand ein wunderbares Plätzchen für ein ❷ **Picknick** liegt: Bank und Tisch sind schon da, der Ausblick ist großartig. *Die neun Kilometer entfernte Gemeinde* ❸ **Modrava** ➤ S 91 ist zu einem der wichtigsten Touristenzentren im Nationalpark geworden. Du wirst es merken: Auf dem Weg überschreitest du die Grenze in die höchste Schutzzone des Nationalparks. Der Böhmerwald ist in mehrere Zonen gegliedert, in denen der Naturschutz unterschiedlich strikt gehandhabt wird. Modrava liegt im Herzen des Nationalparks: Bauprojekte sind nur unter strengsten Auflagen möglich, der Wald bleibt ganz ohne menschliche Eingriffe, damit er sich wie ein Urwald selbst regeneriert. Besonders die Tourismus-Industrie klagt öfters darüber, aber Tatsache ist: Ohne den Schutz würde der Böhmerwald-Boom wohl allmählich den Wald verschlingen. Hier kannst du dich gut für die erste Nacht einquartieren. Wenn die Kraft noch reicht: Im

Anfangs nur ein kleiner Bach: die Vydra im gleichnamigen romantischen Böhmerwald-Tal

Hochseilgarten *(Mai/Juni, Sept./Okt. Sa/So 10–16, Juli/ Aug. tgl. 10–17 Uhr | 400 Kč, inkl. Ausrüstungsausleihe | offpark.cz/lanovy-park-modrava)* dauert eine gut gesicherte Runde durch die Baumwipfel etwa zwei Stunden. Direkt daneben liegt die **Klostermannová chata** *(tgl. | Modrava 4 | Tel. 376324256 | klostermannovachata.cz | €€)*, eines der ältesten Ausflugslokale im Land. Freundliche Gästezimmer bietet die Minibrauerei **Pivovar Modrava** *(pivovarmodrava.cz)*.

RADELPAUSE AN MOOR UND STAUSEE

Im Ort Kvilda führen Schilder zur ❹ **Moldauquelle** ein Stückchen außerhalb der Siedlung. *Von hier aus geht es weiter in Richtung Borová Lada. Wenn du im Ortsteil Svinná Lada der Ausschilderung „Chalupská slat" folgst, triffst du außerhalb des Dorfes* auf ein ❺ **Moor** und den größten tschechischen Moorsee: Parke das Rad dort, wo ein kleiner Holzpfad beginnt, der zu einem Aussichtspunkt führt. Such dir hier ein Plätzchen für eine herrliche Panorama-Picknick-Pause! *Zurück auf dem Rad verläuft die Route nun durch ein fast menschenleeres Stück Urwald bis in den Ort*

INSIDER-TIPP
Allein unter Baumriesen

TAG 2
15 km
❹ **Moldauquelle**
13 km
❺ **Moor**
43 km

⑥ Lipno-Stausees
4 km
⑦ Bauernhof Slunečná
40 km
TAG 3
⑧ Waldkirchen

Nová Pec, dort hältst du dich links und querst eine Moldaubrücke. Die ersten Ausläufer des ⑥ **Lipno-Stausees** ➤ S. 72 sind erreicht – hier kannst du baden! *Im Ort Bělá biegst du nach links ein, folgst ein paar Hundert Meter der wenig befahrenen Hauptstraße und kommst nach dem Örtchen Želnava direkt am* ⑦ **Bauernhof Slunečná** *(biofarma-slunecna.cz)* an – deinem nächsten Quartier.

ZURÜCK GEHT´S MIT DER BAHN

Für den Rückweg folgst du ca. vier Kilometer der Hauptstraße (Nr. 39) bis nach Pěkná und biegst dort nach links in den (einzigen) Feldweg ein. Auf ihm querst du die Moldau. Am kleinen Bahnhof hältst du dich rechts – du bist für ein paar Kilometer wieder auf dem Radweg 33. Bei Stožec biegst du ab zum deutschen Grenzort Haidmühle (Wegmarkierung 1024). Von hier verläuft die Strecke auf einer alten Bahntrasse ca. 26 km nach ⑧ **Waldkirchen,** der größte Teil ist eine sanfte Gefällstrecke.

③ ZU DEN FELSEN IM BÖHMISCHEN PARADIES

- ➤ Raubritter auf ihren Burgen besuchen
- ➤ Sandsteinfelsen erklettern
- ➤ Großartige Panoramablicke genießen

Start	Bahnhof Ktová	Ziel	Bahnhof Ktová
Strecke	ca. 20 km	Dauer	1 Tag, reine Gehzeit 5 Stunden
Schwierigkeit	Mittel	Höhenmeter	500 m

Mitnehmen: Badesachen
Achtung: Die Wege sind gut ausgeschildert. Der letzte Zug zurück fährt um 19.44 Uhr (Fahrplan unter *idos.cz*).

ZUM ERSTEN TOUR-HÖHEPUNKT

Der Ausgangspunkt ist der ① Bahnhof der kleinen Gemeinde Ktová im Böhmischen Paradies. *Der Weg führt etwa zwei Kilometer sanft ansteigend* zur eindrucksvollen Ruine der ② Burg Trosky *(April–Mitte Mai, Okt. Sa/So 9–16, Mitte Mai, Juni, Sept. Di–So 9–16, Juli/Aug. tgl. 9–17.30 Uhr | hrad-trosky.eu)*. Von der Aussichtsplattform blickst du weit ins Land. Die Burg selbst stammt aus dem 14. Jh., sie wurde auf zwei markanten Felsen errichtet. Im Lauf ihrer Geschichte war die Burg sogar Hauptquartier einer berüchtigten Räuberbande.

KLEINE SCHWIMMPAUSE

Nun folgst du den Wegen mit der Beschilderung „Hruba Skála". Zunächst schneidet die Route den Rand der Stadt Tachov, bald darauf passierst du einen kleinen See und biegst am Campingplatz nach links ab. Nach etwa einem Kilometer weist der Weg nach rechts, du gehst aber noch ein paar Hundert Meter weiter – es öffnet sich der Blick auf einen weiteren ③ See (Věžický rybník), an dessen Ufern es mehrere Badestellen gibt. *Nach der Erfrischung kehrst zu zurück zur Abzweigung und wenig später hast du das* ④ Schloss Hrubá Skála erreicht: Auf

① Bahnhof

2 km

② Burg Trosky

4 km

③ See

4,6 km

④ Schloss Hrubá Skála

1,4 km

❺ Groß Skal

3,3 km

❻ Burg Wallenstein (Hrad Valdštejn)

3,1 km

❼ Kurzentrum Sedmihorky

einem Felsen gebaut, ist der Ausblick von hier unvergleichlich – den genießt du beim Essen auf der Terrasse des **Zámecká restaurace** *(tgl. | Hrubá Skála 1 | Tel. 481659111 | €€).*

DURCH FELSEN UND ÜBER STEGE

Das Schloss liegt am Rand der faszinierenden Felsenstadt ❺ **Groß Skal** (Skální mesto Hrubá Skála), zahlreiche, mächtige Sandsteinriesen ragen hier hoch in den Himmel auf. Die Wege durch die „Stadt" führen überwiegend über Waldboden, zwischendurch sind hölzerne Stege angelegt. *Zurück am Schloss folgst du der blauen Markierung, passierst imposante Felsformationen und gelangst nach etwa drei Kilometern zur* ❻ **Burg Wallenstein (Hrad Valdštejn)** *(April, Okt. Sa/So 10–16.30, Mai Di–So 9.30–16.30, Juni–Aug. tgl. 9–17.30, Sept. tgl. 9.30–16.30 Uhr | hrad-valdstejn.cz),* einem früheren Raubrittersitz, in seiner heutigen neogotischen Form romantisch auf einem Felsen gelegen. *Von hier sind es noch drei Kilometer bis zum überschaubaren* ❼ **Kurzentrum Sedmihorky,** das u-förmig um einen Hauptplatz angelegt ist. Hier kannst du den Ausflug ausklingen lassen. Der Bahnhof liegt von hier nur

Blick auf die Sandsteinriesen von Hrubá Skála

einen guten Kilometer entfernt; die Bahn bringt dich alle zwei Stunden in wenigen Minuten Fahrtzeit zurück zum Ausgangspunkt, den ❶ Bahnhof Ktová.

7,5 km
❶ Bahnhof Ktová

❹ AUF DEN SPUREN DER GESCHICHTE

- ➤ Slawische Folklore kennenlernen
- ➤ Rosen schnuppern im Blumengarten von Kroměříž
- ➤ Uralten jüdischen Spuren folgen

Walachisches Freilichtmuseum

Telč

280 km

3 Tage, reine Fahrzeit 4 ½ Stunden

Achtung: In Brünn sehr früh einen Termin für die Villa Tugendhat reservieren.

VOM WALACHISCHEN DORF INS INDUSTRIEAREAL

TAG 1
❶ Walachischen Freilichtmuseum
61 km
❷ Zlín

Die Tour beginnt weit in der Vergangenheit in Rožnov pod Radhoštěm im ❶ Walachischen Freilichtmuseum ➤ S. 117. Aus in der Region abgetragenen historischen Häusern wurden hier ein Städtchen und ein Dorf wiederaufgebaut. Im Mühlental drehen sich die Mühlräder im Bachwasser. Eine Delikatesse solltest du dir nicht entgehen lassen: Kaufe einen *frgál* – das ist ein typischer Hefekuchen aus dieser Region, der optisch ein wenig an eine Pizza erinnert und entweder mit Zwetschgen oder Quark belegt wird. Du bekommst ihn bei handwerklichen Bäckern im Freilichtmuseum oder natürlich in der Stadt bei den modernen Bäckereien. *Am frühen Nachmittag steuerst du* ❷ *Zlín* ➤ S. 111 *und dort das Industriegebiet an*: Im markanten Hochhaus war die Firmenzentrale des Schuhbarons Tomas Bat'a, mit rund 77 Metern Höhe einer der ersten Wolkenkratzer Europas. Schau dir im Innern das kleine Mu-

seum an und vor allem das legendäre Büro des Patriarchen im Fahrstuhl. Von der Dachterrasse aus genießt du einen phantastischen Blick auf die Umgebung. Übernachten kannst du im modern ausgestatteten **Hotel Baltaci** *(baltaci.cz)*.

TAG 2

37 km

❸ Kroměříž

66 km

❹ Brünn

WO ERZBISCHÖFE DIE SOMMERFRISCHE VERBRACHTEN

Der nächste Tag startet mit der Fahrt nach ❸ **Kroměříž** ➤ S. 110. Beginne mit einer Führung durch das **Erzbischöfliche Schloss.** In ein paar Spazierminuten gelangst du anschließend zum **Blumengarten:** Den schönsten Blick auf die riesige Anlage hast du vom Dach der herrschaftlich-weißen Kolonnaden. *Über die Autobahn gelangst du am Nachmittag bequem nach* ❹ **Brünn** ➤ S. 106. Schau dir hier die **Villa Tugendhat** an, einen Paradebau der modernen Architektur. Für ein Candle-Light-Dinner reservier einen Tisch im **Kohout na víně** *(Mo–Sa | Malinovského nám. 2 | Tel. 777904570 | kohout-na-vine.cz | €€€)*, das bei Gourmets als erste Wahl in Brünn gilt. Abends, wenn allmählich die Lichter angehen, unternimmst du einen romantischen Spaziergang zur **Burg Spilberk,** bevor du im Hotel **Barceló Brno Palace** *(short.travel/tsc9)* übernachtest.

TAG 3

63 km

ZU MÄHRISCHEN UNESCO-WELTERBE-STÄDTEN

Für die Weiterreise nach Třebíč verlässt du die Autobahn an der Ausfahrt Kývalka, über die Landstraße (Nr. 23) kommst du (nach dem Ort Náměšť nad Oslavou auf die

399 abbiegen) nach Dalešice: Dort betreiben Enthusiasten die kleine Brauerei ⑤ **Pivovar Dalešice** *(tgl. ab 10.30 Uhr | Dalešice 71 | Tel. 568860942 | pivovar-dalesice.cz)*, die bei tschechischen Bierliebhabern wegen der vielen ungewöhnlichen Biersorten als Geheimtipp gilt. Nach der Führung probierst du im angeschlossenen **Restaurant** *(€–€€)* unbedingt die mährischen Spezialitäten! *Anschließend geht die Fahrt über die 351 weiter nach* ⑥ **Třebíč** ➤ S. 99. Starte dort am besten mit einer Besichtigung der **Basilika** und lass dich dann einfach durch die Gassen des **jüdischen Viertels** mit den kleinen Cafés und netten Lädchen treiben. *Abends noch brichst du zum nächsten Tourpunkt auf, nach* ⑦ **Telč** ➤ S. 98. Nimm dir ein Zimmer in der Pension **Chornitzerův dům** *(chornitzeruvdum.cz)*. Hier, direkt am Hauptplatz, spielt sich das Leben direkt vor deinen Fenstern ab. Du solltest trotzdem noch einmal rausgehen: Der Biergarten des Restaurants **U Hraběnky** *(Slavatovska 96 | Tel. 5 67 57 85 51 | hotel-u hrabenky.cz | €€)* ist der beste Ort, um nach einem Spaziergang um die Seen den Tag enden zu lassen.

⑤ Pivovar Dalešice
19 km

⑥ Třebíč
34 km

⑦ Telč

Geschichten für die Nachwelt erzählen die Fresken in der Basilika von Třebíč

GUT ZU WISSEN

DIE BASICS FÜR DEINEN URLAUB

ANKOMMEN

ANREISE

Von mehreren deutschen Flughäfen gibt es Direktverbindungen zum Prager Flughafen Ruzyně. Anbieter sind die tschechische Fluglinie Czech Airlines und die Lufthansa, aber auch Ryanair und Eurowings fliegen die tschechische Hauptstadt an.

Von der Oberpfalz und von Dresden aus führt eine Autobahn bis in die tschechische Hauptstadt.

Auf der Bahnstrecke Berlin–Dresden–Prag verkehrt alle zwei Stunden ein Eurocity. Manche Züge starten schon in Hamburg, andere fahren bis nach Brünn weiter. Von München aus gibt es mehrmals täglich (langsame) Direktzüge.

Aus vielen deutschen Städten gibt es Fernbusverbindungen nach Prag. Die meisten Busse kommen am zentralen Busbahnhof an, der an der U-Bahn-Station Florenc liegt, eine Station vom Hauptbahnhof entfernt.

GRÜN & FAIR REISEN

Du willst beim Reisen deine CO_2-Bilanz im Hinterkopf behalten? Dann kannst du deine Emissionen kompensieren *(atmosfair.de; myclimate.org)*, deine Route umweltgerecht planen *(routerank.com)* oder auf Natur und Kultur *(gate-tourismus.de)* achten. Mehr über ökologischen Tourismus erfährst du hier: *oete.de* (europaweit); *germanwatch.org* (weltweit).

EINREISE

Für Schengen-Bürger gibt es keine regulären Grenzkontrollen; du solltest dennoch immer deinen Personalausweis dabei haben. Den Reisepass brauchst du nicht.

Atemberaubender Empfang: Das Repräsentationshaus heißt Prags Gäste willkommen

REISEZEIT
Wenn du viele Museen, Schlösser und Burgen besichtigen möchtest, solltest du am besten zwischen April und Oktober fahren. Außerhalb dieser Zeit sind viele Einrichtungen entweder ganz geschlossen oder haben nur stark eingeschränkte Öffnungszeiten.

Adapter Typ E

Die elektrische Spannung beträgt 230 V. Für Schutzkontaktstecker ist im Regelfall ein Adapter für Mittel- und Osteuropa nötig.

ZEIT
Es gilt wie in Deutschland die MEZ – inklusive der Zeitumstellungen im Frühling und im Herbst.

WEITERKOMMEN

AUTO
Das Tempolimit in geschlossenen Ortschaften beträgt 50 km/h, auf Landstraßen 90 km/h und auf Autobahnen 130 km/h. Vorsicht bei der Geschwindigkeit: Es gibt nicht viele Tempo-Schilder; Ortschaften sind nur anhand der Ortseingangsschilder zu erkennen, die deutlich kleiner und weniger gut sichtbar sind als in Deutschland.
Das Abblendlicht muss ganzjährig auch tagsüber angeschaltet sein. Ab November bis Ende März gilt bei ungünstigen Wetterverhältnissen stets Winterreifenpflicht. In dieser Zeit also am besten bereits mit Winterreifen losfahren. Es gilt die Null-Promille-Grenze. Telefonieren am Steuer ist verboten.

Für die Benutzung von Autobahnen benötigst du eine gültige Vignette, die du online kaufen kannst *(edalnice.cz)*. Einen Aufkleber benötigst du nicht, das zentrale System speichert das Kennzeichen.
Diesel heißt *nafta*, für Benziner ist die Oktanzahl an der Zapfpistole ausgewiesen. Super-Benzin heißt Natural 95. Elektro-Tankstellen gibt es deutlich weniger als in Deutschland.
In den meisten Orten kann man auf dem zentralen Marktplatz für eine geringe Gebühr parken, in Prag ist der Innenstadtbereich fast komplett für die Autos von Anwohnern reserviert. Beim Parken musst du in Prag, aber zunehmend auch in weiteren großen Städten, das Autokennzeichen bei den Parkscheinautomaten eingeben. Die Kontrolle übernehmen die Kontrolleure nämlich mit Hightech-Kamera-Autos. Beim Fahren durch die Straßen werden automatisch die Kennzeichen aller parkenden Autos erfasst. Wer einen Anwohnerparkausweis oder eben einen korrekt gelösten Parkschein hat, wird von der Datenerfassung digital aussortiert; alle anderen bekommen automatisiert einen Strafzettel per Post nach Hause.

BUS & BAHN

Das Schienennetz der tschechischen Bahn ist eines der dichtesten in ganz Europa, Überlandbusse verbinden größere und kleinere Städte miteinander. Einer der großen Anbieter heißt *RegioJet (regiojet.cz)*. Neben internationalen Verbindungen nach Prag bedient er die meistfrequentierten Strecken innerhalb des Landes. Fahrpläne von Bahnen und Bussen findest du auf *idos.cz*. Fahrten mit Bahn und Bus sind sehr preiswert.

ÖFFENTLICHER NAHVERKEHR

Der Nahverkehr ist in größeren Städten sehr gut ausgebaut; es lohnt sich daher, das Auto stehenzulassen (zumal für Anwohner reservierte Parkstreifen immer weiter zunehmen). Ein U-Bahn-Netz gibt es nur in Prag; anderswo bilden Straßenbahnen und die in Tschechien sehr verbreiteten Oberleitungs-Busse das Rückgrat des Verkehrsnetzes. Letztere werden im Land als Trolleybusse bezeichnet; sie fahren wie klassische Busse auf Rädern, nutzen aber wie Straßenbahnen eine Oberleitung mitsamt Stromabnehmer. An Werktagen sind die Taktzeiten sehr gut; einzig am Wochenende ist der Verkehr oft ausgedünnt. Innerhalb der Stadtzentren kannst du dich aber auf jeden Fall ohne allzu lange Wartezeiten problemlos bewegen. Fahrkarten werden oft an Zeitungsständen verkauft; vielfach gibt es auch an den Haltestellen Fahrkartenautomaten. In Bussen verkauft üblicherweise auch der Fahrer Tickets.

TAXI

Taxis gibt es auch in kleineren Städten. Vor allem in Prag solltest du nicht in ein beliebiges Taxi einsteigen – einige zwielichtige Chauffeure berechnen weit überzogene Preise. In Prag sind die Taxifirmen AAA und TickTack eine sichere Wahl. Du

FESTE & EVENTS

RUND UMS JAHR

JANUAR/FEBRUAR

Jizerská 50 *(jiz50.cz)*: Skimarathon im Isergebirge nahe Liberec, der jedes Jahr einige Hundert Langlauffans an die 50 km lange Strecke lockt.

MAI

Prager Marathon *(runczech.com)*: Für das Event wird die halbe Altstadt gesperrt, die wunderschöne Strecke verläuft entlang der Moldau.

MAI/JUNI

Prager Frühling *(festival.cz)*: bedeutendstes Klassikfestival des Landes mit hochkarätigen Solisten aus aller Welt.

JUNI/JULI

Folklorefestival *(nulk.cz)*: internationales Festival in Strážnice, immer am letzten Juniwochenende.

Klassikfestival Litomyšl *(smetanovalitomysl.cz)*: drei Wochen Konzerte mit Starbesetzung, die Zuschauer von weit her anlocken.

JULI/AUGUST

Internationales Filmfestival Karlsbad *(kviff.com)*: Hollywoodprominenz und Zuschauer aus ganz Europa drängen sich in Dutzenden Festsälen.

Rock-for-people-Festival *(rockforpeople.cz)*: In Hradec Králové wird ein kleiner Flughafen zum Festivalgelände.

Weltmusikfestival Colours of Ostrava *(colours.cz)*: An den vier Tagen stehen Bands von allen Kontinenten auf der Bühne.

SEPTEMBER/OKTOBER

Mährischer Herbst *(moravsky-podzim.cz)*: Klassik-Musikfestival in Brünn.

Steeplechase *(pardubice-racecourse.cz)*: Pferderennen in Pardubice; gilt als das härteste Galopprennen in ganz Europa (Foto).

Weinfeste: In Südmähren gibt es nach der Weinlese quasi jedes Wochenende irgendwo ein Weinfest in einer der idyllischen Kellergassen. Orte und Termine: *jizni-morava.cz.*

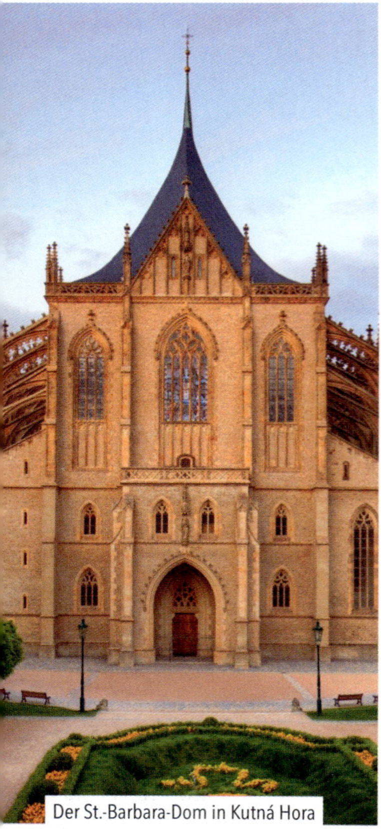
Der St.-Barbara-Dom in Kutná Hora

kannst dich auch vor der Fahrt nach dem ungefähren Preis erkundigen. Auch Uber und Bolt sind hier tätig. Die Taxifahrer müssen ihre Preise von außen sichtbar befestigen, meist hängen sie an der Einstiegstür im Fond. Achte darauf, dass das Taxameter eingeschaltet wird! Auf Nummer sicher kannst du gehen, wenn du ein Taxi per App bestellst: Dort gibst du Start- und Zieladresse ein und bekommst schon Pi mal Daumen angezeigt, wie viel die Fahrt kosten wird.

IM URLAUB

AUSKUNFT

- Wilhelmstr. 44 | 10117 Berlin | Tel. 030 2044770 | czechtourism.com | berlin@czechtourism.com
- Penzingerstr. 11–13 | 1040 Wien | Tel. 01 892 02 99 | czechtourism.com | wien@czechtourism.com

BANKEN & GELD

Die tschechische Krone *(Koruna česká)* unterteilt sich in 100 Heller. Die kleinste Münze ist aber die 1-Krone-Münze. An der Kasse wird automatisch auf- oder abgerundet. Lass dein Geld am besten bei einer Bank wechseln oder geh zum Geldautomaten. Banken und Geldautomaten gibt es selbst in kleinen Orten. Meistens fragen die Geldautomaten im letzten Schritt, ob du „mit oder ohne Konversion" abheben willst. Wähle auf jeden Fall die Option „ohne Konversion" – andernfalls bucht die Bank dir das Geld zu einem unvorteilhaften Wechselkurs vom Konto ab.

In Tschechien ist die Kartenzahlung sehr verbreitet. Mit den in Deutschland oft gebräuchlichen Bank- bzw. Giro-Karten wirst du allerdings nicht sehr weit kommen. Pack dir unbedingt eine Kreditkarte ein – ob AmericanExpress, Mastercard oder Visa, mit einer dieser Karten bist du auf der sicheren Seite. Nicht nur Geschäfte aller Art und Restaurants bieten die Möglichkeit der Kartenzahlung, sondern selbst Museen und Galerien.

CAMPING

Camping wird in Tschechien immer beliebter, vor allem die luxuriöse Form mit Campingwagen oder -anhängern. Viele Campingplätze bieten neben den üblichen Stell- und Zeltplätzen auch feste (Holz-)Hütten an, die immer mit Schlafplätzen, meistens zusätzlich mit Kochgelegenheiten und manchmal auch mit Sanitäreinrichtungen ausgestattet sind. Wild zu zelten ist in Tschechien verboten. Eine nur tschechische Suchmaschine für Campingplätze findest du bei der *Camping-Assoziation (camp-cr.cz),* eine auch deutschsprachige Übersicht und sogar eine entsprechende App gibt es auf dem privaten Portal *camp.cz*.

EINTRITT & FÜHRUNGEN

Viele Schlösser und Burgen sind nur mit Führung zugänglich, meist in tschechischer Sprache. Bei größeren Anlagen werden auch englisch- oder deutschsprachige Führungen angeboten, die allerdings deutlich mehr kosten. Bei weniger frequentierten Sehenswürdigkeiten kannst du dich tschechischen Gruppen anschließen und bekommst auf Nachfrage ein kleines Büchlein mit Informationen in deutscher Sprache ausgehändigt. Meistens kannst du zwischen verschiedenen Rundgängen wählen. Die Zeiten variieren stark, schau am besten vorher im Internet, wann deine gewünschte Führung startet.

Den Eintritt in Museen gibt es oft ab 3 Euro, Schlösser, Museen und renommierte Sehenswürdigkeiten in großen Städten verlangen auch deutlich mehr.

FEIERTAGE

1. Jan.	Neujahr
März/April	Ostermontag
1. Mai	Tag der Arbeit
8. Mai	Tag der Befreiung vom Faschismus (1945)
5. Juli	Feiertag der Apostel Kyrill und Method
6. Juli	Todestag des Reformators Jan Hus (1415)
28. Sept.	Tag der tschechischen Staatlichkeit
28. Okt.	Gründung der Tschechoslowakei (1918)
17. Nov.	Tag des Kampfes für Freiheit und Demokratie (1989)
24.–26. Dez.	Weihnachten

INTERNET

Selbst in kleinen Orten bieten viele Cafés, Hotels und Restaurants einen drahtlosen Internetzugang an. Die Einwähldaten findest du meist in der Speisekarte abgedruckt – oder du fragst die Bedienung danach.

Auf der sicheren Seite bist du ohnehin mit dem mobilen Internet: Als Tourist nutzt du das Datenvolumen von deinem deutschen Handy-Vertrag auch in Tschechien ohne Aufpreis. Und die Netzabdeckung ist großartig: Es gibt weniger Funklöcher als in Deutschland, und selbst in kleineren Orten funktioniert oft das schnelle LTE-Netz.

ÖFFNUNGSZEITEN

Einheitliche Öffnungszeiten gibt es nicht, das Ladenschlussgesetz ist sehr liberal. Auf der sicheren Seite bist du meistens werktags von 10 bis 18 Uhr, häufig gibt es bei kleineren Geschäften eine Mittagspause. Dafür ist manchmal auch am Sonntag geöffnet. In großen Städten findest du Supermärkte mit 24-Stunden-Betrieb. Auch Sehenswürdigkeiten und Museen werden z. T. über Mittag für eine Stunde geschlossen.

WAS KOSTET WIE VIEL?

Bier	1,60 bis 2,50 Euro *für 0,5 l in einer Kneipe*
Kaffee	ab 2 Euro *für eine Tasse im Café*
Eintritt	ab 3 Euro *in vielen Museen, in Prag häufig mehr*
Essen	ab etwa 6 Euro *für eine typisch tschechische Mahlzeit*
Fahrkarte	80 Cent bis 1,40 Euro *pro Fahrt im Nahverkehr*
Kultur	ab 12 Euro *Opernkarte im Prager Nationaltheater*

PREISE

Generell gilt, dass die Lebenshaltungskosten etwas günstiger sind als in Deutschland. Öffentliche Verkehrsmittel sind durchweg günstiger, auch in der Gastronomie ist es in Tschechien oft billiger. Gerade international bekannte Markenprodukte sind oft deutlich teurer – das gilt für Lebensmittel und Kosmetika ebenso wie für Kleidung, Schuhe und Elektrogeräte.

TELEFON & HANDY

Die Vorwahl nach Deutschland lautet 0049, nach Österreich 0043, in die Schweiz 0041, nach Tschechien 00420. Mobilfunknummern beginnen mit der Ziffer 6 oder 7. Die Mobilfunk-Provider unterhalten Filialen in allen größeren Städten.

TRINKGELD

In Restaurants sind zwischen fünf und zehn Prozent des Rechnungsbetrags üblich.

UNTERKUNFT

In Prag ist die Auswahl an Übernachtungsadressen natürlich riesig, und Jahr für Jahr öffnen neue Hotels ihre Rezeptionen. In etwas kleinerem Maßstab gilt das auch für die übrigen Regionen Tschechiens: Gute Hotels findest du in allen größeren Städten. Besonders stolz sind die Einheimischen aber auf die Unterkünfte auf dem platten Land: Wo Berge oder Seen locken, wo es Wanderwege und Radrouten gibt, da sind großartige Hotels und Pensionen zu finden. Fast überall gibt es junge Enthusiasten, die neuen Schwung in die Hotel- und Gastroszene bringen und alte Objekte übernehmen. Den besten Überblick über sehenswerte Unterkünfte bietet die Seite *amazingplaces.cz* – dort kannst du auf einer Landkarte schauen, welche Schätze auf deinem Weg liegen. Von Holzblockhäusern am Wasser bis zu Luxusquartieren ist alles dabei.

ZOLL

Waren für den privaten Konsum sind innerhalb der EU zollfrei. Allerdings gibt es Obergrenzen: Als privater Bedarf gelten bis zu 800 Zigaretten, 10 l Spirituosen, 20 l Likör und 110 l Bier. Für Wein gibt es keine Obergrenze, bei Schaumwein liegt sie bei 60 l.

NOTFÄLLE

DIPLOMATISCHE VERTRETUNGEN

- Botschaft der Bundesrepublik Deutschland: *Vlašská 19 | 11801 Prag 1 | Tel. 2 57 11 31 11 | prag.diplo.de*
- Botschaft der Republik Österreich: *Viktora Huga 10 | 15115 Prag 5 | Tel. 2 57 09 05 11 | bmeia.gv.at/oeb-prag*
- Botschaft der Schweiz: *Pevnostni 7 | 16201 Prag 6 | Tel. 2 20 40 06 11 | eda.admin.ch/prag*

GESUNDHEIT

Mit der Europäischen Krankenversicherungskarte ist die Behandlung kein Problem. Es gibt nur wenige Arztpraxen, das tschechische Gesundheitswesen ist stark auf die Krankenhäuser konzentriert, in denen auch Allgemeinmediziner praktizieren. Die Adressen von deutschsprachigen Ärzten sind bei den Botschaften erhältlich. In Notfällen wendest du dich am besten an eines der Krankenhäuser in den größeren Städten, die mit dem Rot-Kreuz-Symbol ausgeschildert sind. Krankenhaus heißt auf Tschechisch *nemocnice*. Für die Einreise sind keine speziellen Impfungen erforderlich. Das Leitungswasser kannst du überall bedenkenlos trinken.

NOTRUF

Notarzt und Feuerwehr: *Tel. 112;* Polizei: *Tel. 156*

WETTER IN PRAG

Hauptsaison
Nebensaison

	JAN.	FEB.	MÄRZ	APRIL	MAI	JUNI	JULI	AUG.	SEPT.	OKT.	NOV.	DEZ.
Tagestemperaturen	1°	3°	9°	14°	19°	23°	25°	24°	21°	13°	7°	2°
Nachttemperaturen	-4°	-3°	0°	4°	9°	12°	14°	14°	10°	6°	2°	-2°
Sonnenschein Stunden/Tag	2	3	4	6	8	8	8	8	6	4	1	1
Niederschlag Tage/Monat	6	5	6	8	9	9	9	9	7	7	6	7

Sonnenschein Stunden/Tag
Niederschlag Tage/Monat

SPICKZETTEL TSCHECHISCH

SMALLTALK

ja/nein/vielleicht	ano/ne/možná	ano/nä/moschna
bitte	prosím	prossihm
danke	děkuji	djäkuji
Gute(n) Morgen!/Tag!/ Abend!/Nacht!	Dorbé ráno!/Dobrý den!/Dobrý večer!/ Dobrou noc!	dobräh rahno/dobrih dän/dobrih wätschär/ dobrou nots
Hallo!/Auf Wiedersehen!	Ahoj!/Na shledanou!	ahoj/nas chlädanou
Tschüss!	Ahoj!	ahoj
Ich heiße …	Jmenuji se …	jmännuji ssä …
Wie heißt du?/ Wie heißen Sie?	Jak se jmenuješ?/ Jak se jmenujete?	jack ssä jmännujäsch?/ jack ssä jmännujätä?
Entschuldige!/ Entschuldigen Sie!	Promiň!/Promiňte!	prominj/prominjtä
Wie bitte?	Prosím?	prossihm?

ZEIGEBILDER

ESSEN & TRINKEN

Die Speisekarte, bitte.	Jídelní lístek, prosím.	**jihdälnih lihsstäk prossihm**
Ich hätte gerne …	Dal *(m)*/Dala *(f)* bych si …	**dal/dala bich ssi**
Bäckerei/Markt/Kiosk	pekárna/trh/kiosk	**päkahrna/trch/kiosk**
Lebensmittelgeschäft	potraviny	**potrawini**
Milch/Sahne/Zitrone	mléko/smetana/citron	**mlähko/smätana/ tsitron**
Wasser mit (ohne) Kohlensäure	(ne) perlivá voda	**(nä) pärliwa woda**
Vegetarier(in)/Allergie	vegetarián(ka)/alergie	**wägätariahn(ka)/ alärgiä**
Ich möchte zahlen, bitte.	Chtěl *(m)*/Chtěla *(f)* bych zaplatit, prosím.	**chtjäl/chtjäla bich saplatit prossihm**
Rechnung/Trinkgeld	účet/spropitné	**utschät/sspropitnäh**
bar/Kreditkarte	hotově/kreditní karta	**hotowjä/kräditnji karta**

NÜTZLICHES

Wo ist …?/Wo sind …?	Kde je …?	**gdä jä …?**
Wie viel kostet …?	Kolik stojí …?	**kolik sstojih …?**
Wo finde ich einen Internetzugang/WLAN?	Kde najdu připojení na internet/wifi?	**gdä najdu prschipojänji na intärtät/wifi**
Wie viel Uhr ist es?	Kolik je hodin?	**kolik jä hodjin?**
heute/morgen/gestern	dnes/zítra/včera	**dnäss/sihtra/ftschära**
Apotheke/Drogerie	lékárna/drogerie	**läkarna/drogäriä**
offen/geschlossen	otevřeno/zavřeno	**otäwrschäno/ sawrschäno**
nah/weit	blízko/daleko	**blihsko/daläko**
kaputt/funktioniert nicht	rozbitý/nefunguje	**rossbittih/näfungujä**
Fahrplan/Fahrschein	jízdní řád/jízdenka	**jisdnih rschahd/ jihsdänka**
Hilfe!/Achtung!	Pomoc!/Pozor!	**pomots/posor**
0/1/2/3/4/5/6/7/8/9/10/ 100/1000	nula/jeden *(m)*; jedna *(f)*; jedno *(n)*/dva *(m)*; dvě *(f+n)*/tři/čtyři/pět/ šest/sedm/osm/devět/ deset/sto/tisíc	**nula/jädän; jädna; jädno/dwa; dwjä/ trschi/tschtirschi/ pjät/schäst/ssädum/ ossum/däwjät/dässät/ sto/tjissihts**

LESESTOFF & FILMFUTTER

ALOIS NEBEL
Ein Bahnhofsvorsteher in einem verlassenen tschechischen Gebirgsort. Um ihn hat der junge Erfolgsautor Jaroslav Rudiš einen fantastischen Plot gestrickt. Der Film (2011) mit seiner gekonnten Mischung aus Spielfilm und animierten Szenen erhielt den Europäischen Filmpreis.

DAS SCHLOSS
Klar, den Roman von Franz Kafka haben viele gelesen. Aber jetzt ist Zeit für dessen Neuentdeckung: als Graphic Novel (2013); wunderbar-düster gezeichnet von Jaromír99.

EIN HERRLICHER FLECKEN ERDE
Radka Denemarkovás Roman (2009) hat das Land aufgewühlt. Ein wichtiger Einblick in die jüngere tschechische Geschichte: Er handelt von der Vertreibung der Sudetendeutschen – bis heute ein kaum aufgearbeitetes Kapitel der tschechischen Vergangenheit.

MOST!
Die Serie (2019) spielt in der gleichnamigen Stadt – einer Stadt, die geprägt ist von der Schwerindustrie und sozialen Problemen. Mit großartigem Humor und voller skurriler Charaktere.

PLAYLIST QUERBEET

0:58

II BEDŘICH SMETANA – MA VLAST
Es geht nicht ohne: Eine symphonische Reise entlang des wichtigsten Stroms der Tschechen

▶ KAREL GOTT – IT TAKES A WORRIED MAN
Eine Zeitreise hinein mitten in den Prager Frühling – und du lernst Karel Gott mit dieser Aufnahme von 1967 mal von einer anderen Seite kennen

▶ MARTA KUBIŠOVÁ – MODLITBA PRO MARTU
Dieses Pop-Gebet war der Soundtrack des Prager Frühlings und später auch der Samtenen Revolution von 1989

▶ KRYŠTOF – HNED TEĎ
Sommerhit 2020 der Erfolgsband

▶ CHINASKI – SCHODY
Nettes Lied für böhmische Landstraßen: Ein neuer Hit der beliebten Poprock-Band

Den Soundtrack zum Urlaub gibt's auf **Spotify** unter **MARCO POLO** Czech Republic

Oder Code mit Spotify-App scannen

AB INS NETZ

CZECHSPECIALS.CZ
Rezepte, um dich in Urlaubsstimmung zu kochen: Alles, was böhmische Urgroßmütter in ihrem Kochbuch hatten.

EXPATS.CZ
Auf der englischsprachigen Seite tauschen sich in Tschechien lebende Ausländer aus und geben Tipps zu den angesagtesten Restaurants und Clubs.

UNTERWEGS-IN-TSCHECHIEN.CZ
Launische Reiseberichte des Tschechien-Fans Christoph Amthor, der in Prag und im ganzen Land unterwegs ist.

TASTEOFPRAGUE.COM/PRAGUE BLOG
Auf keinen Fall auf diesen Seiten unterwegs sein, wenn du gerade Hunger hast: Blog zu den neuesten Entwicklungen in der – vor allem – Prager Gastronomie. Englischsprachig.

DEUTSCH.RADIO.CZ/TSCHECHISCHE-SPRACHE
Auf der Seite findest du keinen Sprachkurs, aber liebenswerte Beobachtungen und Eigenheiten aus der Welt des Tschechischen. Auch ohne Sprachkenntnisse geeignet!

TRAVEL PURSUIT

DAS MARCO POLO URLAUBSQUIZ

Weißt du, wie Tschechien tickt? Teste hier dein Wissen über die kleinen Geheimnisse und Eigenheiten von Land und Leuten. Die Lösungen findest du in der Fußzeile. Und ganz ausführlich auf den S. 20–25.

❶ Die Tschechen lieben ihre Wochenendhäuser. Wie heißen sie auf Tschechisch?

a) Chalupa
b) Dače
c) Domeček

❷ Welcher James-Bond-Film ist in den Prager Barrandov-Studios gedreht worden?

a) Sag niemals nie
b) Spectre
c) Casino Royale

❸ Bis zur Niederschlagung 1968 forderten die Tschechoslowaken im Prager Frühling einen „Sozialismus mit …

a) … weniger Kontrollen"
b) … menschlichem Antlitz"
c) … offenen Geschäften"

❹ Mit welchem amerikanischen Hit feierte Karel Gott in den 1960er-Jahren in der Tschechoslowakei große Erfolge?

a) Moon River
b) The Great Pretender
c) (I can't get no) Satisfaction

Lösungen: 1a, 2c, 3b, 4a, 5b, 6c, 7c, 8a, 9a, 10a

Die Tschechen genießen das Bier am liebsten in ihrer Stammkneipe, der *hospoda*

❺ Wie oft läuft bei der Firma Škoda ein Neuwagen vom Band?
a) Alle 22 Minuten
b) Alle 59 Sekunden
c) Alle 3 Minuten

❻ Welche Sagengestalt triffst du auf tschechischen Schlössern?
a) Den haarigen Bären
b) Den herrischen Ferdinand
c) Die weiße Frau

❼ Wie heißt der (bislang) einzige Literatur-Nobelpreisträger aus Tschechien?
a) Franz Kafka
b) Milan Kundera
c) Jaroslav Seifert

❽ Welches ist der tschechische Nationalsport?
a) Eishockey
b) Fußball
c) Volleyball

❾ Die Tschechen trinken durchschnittlich 144 Liter Bier pro Jahr. Im Vergleich zum deutschen Durchschnitt sind das …
a) … 37 Liter mehr
b) … 12 Liter weniger
c) … 3 Liter mehr

❿ Tschechien ist Tonträgersammlern ein Begriff, weil …
a) … im Land die meisten Vinyl-Schallplatten für den Weltmarkt produziert werden.
b) … in Prag das größte Archiv klassischer Musik eingerichtet wurde.
c) … die Musikkassette hier erfunden wurde.

REGISTER

LOB ODER KRITIK? WIR FREUEN UNS AUF DEINE NACHRICHT!

Trotz gründlicher Recherche schleichen sich manchmal Fehler ein. Wir hoffen, du hast Verständnis, dass der Verlag dafür keine Haftung übernehmen kann.

MARCO POLO Redaktion • MAIRDUMONT • Postfach 31 51
73751 Ostfildern • info@marcopolo.de

Impressum
Titelbild: Schloss Karlstein (AWL Images: C. Kober)
Fotos: dpa/picture alliance/EPA: F. M. Singer (25); DUMONT Bildarchiv: P. Hirth (73, 132/133); huber-images: M. De Santis (66/67); Huber-images: G. Gräfenhain (61); huber-images: Kaos (100), R. Schmid (8/9, 13, 16/17, 40/41, 48/49); K. Kirchgeßner (147); laif: S. Bungert (109), M. Gonzalez (144/145), P. Hirth (58/59, 74, 91), B. Jonkmanns (37); laif/hemis.fr: R. Mattes (45); laif/Le Figaro Magazine: E. Martin (118/119, 121); Look-photos: R. Martini (86); mauritius images: B. Kickner (2/3), R. Mattes (77); mauritius images/Alamy: R. Benoska (54), CTK (22), J. Ellis (33), J. Kellerman (32/33), C. Okolo (102), J. Pie (128), Pjr Travel (26/27), Profimedia (117), S. Reddy (23/29), R. Semik (93), van Hilversum (12); mauritius images/Alamy/Bildagentur Online (57 (Architekt: Radim Kousal)); mauritius images/Alamy/CTK: R. Vondrous (135); mauritius images/Hemis.fr/R. Mattes (6/7); mauritius images/imagebroker: BAO (47), L. Gigerichova (136); mauritius images/Pixtal (114); shutterstock: alpenkoch (29), N. Antonov (94/95), G. Bruev (79), R. Cichawa (65), Th Dekiere (80/81), S. Fedoskin (89), I. Filimonov (10), grapia (110/111), M. Greczi (11), Kojin (142/143), Marina_D 37 (20/21 (Artist: David Cerny)), O. Mark (14/15), miropink (63), V. Muller (124), J. Nedbal (Klappe vorne außen, Klappe vorne innen, 34/35), J. Pasler (51), P. Pohudka (Klappe hinten), J.A. Polak (131), A. Uhrin (104), B. Zillich (85); T. Stankiewicz (98/99, 113)

15., aktualisierte Auflage 2023

Autor: Kilian Kirchgeßner
Redaktion: Oliver Fülling; Bildredaktion: Barbara Mehrl
Kartografie: © MAIRDUMONT, Ostfildern (S. 38–39, 120, 125, 127, 130, Umschlag außen, Faltkarte); © MAIRDUMONT, Ostfildern, unter Verwendung von Kartendaten von OpenStreetMap, Lizenz CC-BY-SA 2.0 (S. 42–43, 53, 68–69, 71, 82–83, 96–97, 107)
Als touristischer Verlag stellen wir bei den Karten nur den De-facto-Stand dar. Dieser kann von der völkerrechtlichen Lage abweichen und ist völlig wertungsfrei.
Gestaltung Cover, Umschlag und Faltkartencover: bilekjaeger_Kreativagentur mit Zukunftswerkstatt, Stuttgart; Gestaltung Innenlayout: Langenstein Communication GmbH, Ludwigsburg
Spickzettel: in Zusammenarbeit mit PONS Langenscheidt GmbH, Stuttgart
Texte hintere Umschlagklappe: Lucia Rojas
Konzept Coverlines: Jutta Metzler, bessere-texte.de

Printed in Poland

MARCO POLO AUTOR
KILIAN KIRCHGESSNER
Seine jüngste Entdeckung: eine spektakuläre Pension im mährischen Weinort Mikulov. Seit 2005 arbeitet der Journalist als Korrespondent in Tschechien, und bei seinen häufigen Recherchereisen entdeckt er immer wieder Neues und Überraschendes – gerade auch in den Regionen abseits von Prag. Seine Favoriten sind derzeit das Elbsandsteingebirge und die Weinregion entlang der Grenze zu Österreich.

BLOSS NICHT!

FETTNÄPFCHEN UND REINFÄLLE VERMEIDEN

KNÖDEL ZUM SCHNITZEL BESTELLEN

Bestelle nicht beides zusammen! Die Tschechen werden dich für einen kulinarischen Barbaren halten. Sie selbst ordern Knödel nur zu Hauptgerichten mit reichlich Sauce, etwa zu *svíčková* oder zu Gulasch. In den meisten Restaurants kannst du die Beilagen separat bestellen.

„TSCHECHEI" SAGEN

Umgangssprachlich hat sich der Begriff „Tschechei" eingebürgert – politisch korrekt ist er nicht. Er hat seinen Ursprung im Dritten Reich, als Hitler das Land verächtlich als „Rest-Tschechei" bezeichnete. Sag lieber Tschechien, das ist unbelastet.

DIE SCHUHE ANBEHALTEN

Wenn du in Tschechien zu Freunden nach Hause eingeladen wirst, ziehst du am besten gleich hinter der Wohnungstür die Schuhe aus. Meist stehen extra Hausschuhe für Besucher bereit. Das gilt es übrigens auch z. T. noch in einfacheren Pensionen zu berücksichtigen: Vom Hauseingang bis zum Zimmer geht man dort in Pantoffeln.

MIT „AHOJ" ÜBERTREIBEN

Klar, einprägsam und irgendwie knuffig ist der Gruß „Ahoj", den die Tschechen zur Begrüßung und zur Verabschiedung nutzen – aber nur dann, wenn sie sich wirklich gut kennen. Im Land herrscht keine Duz-Kultur, und wenn man mit „ahoj" grüßt, fühlen sich vor allem Ältere auf den Schlips getreten. „Dobrý den" ist ja im Zweifelsfall die sicherere Alternative.

SOUVENIRKITSCH KAUFEN

Gerade in Prag lauern sie zu Hunderten entlang der Touristenstraßen: die Nepper, die vermeintlich böhmisches Kristall und sogar russische Matroschkas verkaufen wollen. Schau lieber etwas abseits vom Trubel in kleinere Geschäfte – da sind Preis und Qualität meist besser.